一面迷茫，一面探索；

一面怯弱，一面坚强。

做自己的北极星

晴天小姐和乌云先生的对话

晴天小姐 著

成都时代出版社
CHENGDU TIMES PRESS

　　我的周围全是鲜活的生命，活着真好。请把每天都当作你生命中的最后一天来过，尽力过好每一天，不让年华虚度；尽力去感受生命，不浪费光阴。

我知道自己太普通了，所以我时而自信，时而自卑；我知道月光不会为我停留，夏风永远短暂，可我仍会为了那零星的美好奋力奔跑。

一个人可以成为别人的光源，哪怕他自己并不知道，哪怕他自己的生活并没有光。

　　我们都是自己人生的主角，主角不都是遇到再大的困难都能克服吗？乌云先生，我会继续走下去的，一起加油！

乌云先生，你瞧，我又一次在写信的过程中解决了自己的问题。难怪啊，你从来不回信。这也让我越来越坚信，人这一生，更多的只能靠自己。

茅茅小姐

曼肥先生

管管先生

草莓小姐

山羊小姐

Q先生

田园先生

熊熊先生

流星小姐

河姆小姐

波树小姐

N先生

星辰小姐

妮妮小姐

南柯小姐

美美小姐

爱浮小姐

炸鱼先生

带鱼小姐

香樟小姐

饼干小姐

勿扰先生

雨天小姐

景港小姐

牙签先生

秋叶小姐

猴子先生

菜豆小姐

序一

乌云与晴天都是真实的天气

聂圣哲

虽然本书作者晴天现在还是个中学生，但她必定是会慢慢长大的。

所以，我就不以一个长者的角度，称呼她为"晴天"同学了——六七十年后，作者自己或别人来阅读这本书时，会显得不适应，那时候的作者晴天也该是个老奶奶了。

言归正传。

晴天来微信说让我给她这本《做自己的北极星》写个序言。我很好奇，一位初中女生写了些什么？是对羞花闭月的感叹，还是少年萌动的烦恼？是学习忙碌的焦躁，还是叛逆时期的煎熬……

她把书稿发过来，我读完后，给我的感觉是深受触动——一位初二女生对心路历程的如此细致深刻的剖析，以自我对话的形式展现出来，取材于成长的体验，又以两个人物的心灵对话来叙事，语言把握沉稳老道，表达情感非常准确，这里面我看到了作者的分析问题与写作的天赋。

说来也巧，我让我的几个已经毕业的博士生合作，业余做一个"如何做一个不让年轻人讨厌的老年人"的项目，研究的就是年长的人如何学会与年轻于自己的人交流沟通。这个项目与晴天所著的《做自己的北极星》对比，是一个逆行的路径。所以，我阅读《做自己的北极星》时的感觉可能和其他读者是完全不一样的，该著给了我意想不到的启示。

一般都认为专家教授出的书才有资格称为专著，这基本是正确的。但是，也有例外，《做自己的北极星》就是例外中的一例——该著研究的是少年女生心理。我曾多次提出，"……随着时代的飞速变化，教育心理学已经完全不能满足时代的要求，需要单独创立一个学科深入研究'学生心理学'——当下学生的心理的复杂程度有时远大于成人，这种现实往往造成教师及家长对学生的很大误解，这种误解会导致可怕的误判，悲剧时有发生……"我之所以在成都召开的"全国第一届养活教育会议上（2024年5月9日）"作的"养活教育是人生的托底教育"专题报告里再次提出这个问题，是因为我在养活教育实践中，发现了太多中小学生把自己的想法深深地藏在了心里，不想让老师与家长知道，也不愿让大人知道。仔细想想，不了解学生心理的教育是多么盲目的教育，这种盲目里面夹带了太多的伤害和摧残。这堵无形的墙已经很高，而且会越来越高。

《做自己的北极星》作者在书中把一个单纯也复杂的初中二年级的女生的心扉彻底打开，就像一个私家花园，彻底对公众开放……我可以肯定，作者晴天想明确告诉我们：要面对现实，更要理解；乌云与晴天都是真实的天气。正因为如此，我期待作者晴天不要停歇，坚持写下去，直到结束学生生涯，把一座又一座"花园"给我们建起。

所以，我坚定地认为这不仅是一本有学术价值的读物，也是学生心理学和养活教育等领域的第一手重要研究资料。该著无论是作为随笔、专著、研究资料来阅读使用，都能做到各取所需，均受裨益。一本书同时具有以上几个特点是非常难能可贵的。

希望各位读者在阅读完《做自己的北极星》后，检验一下我所说的这些是否准确。

（作者为同济大学教授、博士生导师，养活教育体系的创立者）

2024年9月3日于姑苏城外改华堂

序二

你自己，就是答案

小一姐姐

谁的青春不迷茫？谁的人生不慌张？

孩子青春期时，亲子关系紧张，这是一个普遍的现象。亲子关系处理不好，会给孩子的成长带来不良影响，甚至还可能影响未来一生的家庭关系。奥地利心理学家阿德勒说过，"幸福的人用童年治愈一生，不幸的人用一生治愈童年"。

要处理好亲子关系，就得找到亲子关系紧张的根本原因。有人说，是因为现在学生学业重、"内卷"严重，学生和家长都很焦虑；有人说，是因为孩子抵挡不了电子产品的诱惑，围绕督促学习、少玩手机这些焦点，家长和孩子频繁冲突。

我想，这些的确是原因，但还不是根本原因。书包沉重、游戏好玩形成的矛盾，并不一定会带来亲子关系紧张，问题的本质是大人与孩子的认知错位。什么是认知错位？一方面，青春期的孩子处于心理和生理的成熟与不成熟之间，他们的个体意识觉醒，"离家趋势"产生，他们想一定程度上摆脱家庭的"控制"，渴望独立，"我的事情我做主"。

另一方面，在踏上寻求自我的道路时，尚不成熟的孩子会产生不安全感从而表现出"闭锁性"，不轻易向外界透露自己的真实想法和情感，对他人的评价很敏感。

而不少家长会把孩子这一阶段正常的心理行为当成"逆反"，甚至认为是幼稚和不可理喻。家长天然的责任感自动触发他们的行为，他们习惯向孩子发号施令，总想以自己几十年的人生阅历告诉孩子该怎么样、不该怎么样。但孩子才刚刚独立认识这个世界，大人所谓的道理，他们可能彻底无感或不认同。两者的认知严重错位，冲突的发生就不足为奇了。

此时，家长怎么办？我认为我们应该给予孩子无条件的爱，放下大人教育（控制）孩子的执念，尊重孩子成长的阶段性特点，孩子的成长有一个过程，相信孩子会不断调整和修正自己的想法和行为。因此，解决亲子关系问题的关键可以说就在家长身上。

同时，我认为最好的亲子教育，不是言传而是身教。家长和老师是孩子最好的榜样，也因此，我认为本书的第一读者应该是大人。

　　我自创的手势舞来自对女儿小团子的教育。小团子两周岁时，正处于语言敏感期，我想有什么办法帮助发展她的语言能力呢？当时小团子正在学习手指操和儿童舞蹈，于是我尝试着将手指操和诗词相结合，从而萌发了自己编创"国学、古诗手势舞"的想法。

　　启蒙阶段的孩子，在手眼协调、专注力方面，都有该年龄段的特点。手势舞零道具、零成本，既增强了亲子互动，也能方便我们学习更多知识，网友们的点赞评论更让我备受鼓舞。很多宝妈私信告诉我，手势舞让她们与孩子的亲子关系变得更融洽。

　　从此，我打开了一扇门，开始了手势舞的创作之路，借由一种独特的语言和表达方式开始了展示中华优秀传统文化、探索"思政＋美育＋视频"融合创新的创作之路。如今，3000多个原创网络文艺作品，让我收获了2000多万的粉丝、500亿的播放量，这常常让我感到"魔幻"，我还是当初的那个纯粹的想要创新亲子互动方式的我吗？是的。但同时，我仿佛衍生出另一个自己，在解决短视频制作问题的过程中，我学会了新的剪辑方法，掌握了以前不具备的一系列技能；在为女儿处理各种日常生活事务和拍摄问题的时候，我逐渐更加有条不紊、情绪稳定，成了一个"不扫兴"的妈妈，和女儿的关系很融洽；在处理教学和创作的关系过程中，我克服时间冲突等问题，并以自己的方式，对接着"文化润疆"多项工作……

我谈了我个人的成长经历，想表达的是，教育孩子的最好方式是家长在自我成长的同时和孩子一起成长。我和晴天的爸爸熟悉，他是一个爱读书的人，但在晴天的学习上，他却做得很"极端"——从晴天上小学一年级开始，他从不看晴天的作业，更不过问她的考试。有人说晴天爱读书是遗传，晴天却说不是遗传是受爸爸的影响。很多家长自己不爱学习，却要求孩子爱学习，与其"以其昏昏，使人昭昭"，不如起而行之，做更好的自己，成为孩子的榜样。

晴天这本书，是我看过的青春期作品中最独特的一部，语言朴实，情感真挚，准确来讲，它不是文学作品，而是日记。她勇敢地打开自己的心扉，把她的迷茫、失落、痛苦、忧伤、快乐、梦想等，都真实地表达出来；也不回避与老师、家长、同学的矛盾和冲突，还真实地表达了懵懂的情愫。

晴天与乌云的书信，是晴天在寻找自我成长的答案。正如她的文章说的那样："我明白，一切靠自己"；她在本书的跋里也写道，因为爸爸对她教育的"不闻不问"，让她产生了强烈的危机感，她要对自己负责。因此，晴天把本书命名为《做自己的北极星》。

本书是青春期孩子内心的真实表达，初高中的孩子都可以读一读，就会发现原来自己的迷茫、痛苦和怯懦晴天也有，因为这是这个阶段孩子的共性。我们不必放大这些情绪，要勇敢地去接纳自己的不成熟，心怀梦想、努力向上、更加坚强，在通往自我成长的路上，更要靠自己才行。

能成为什么样的人，能实现什么样的梦想，答案全在自己身上。亲爱的朋友们，我们都做自己的北极星吧。

（作者系国内知名传统文化传播者，浙江工业大学人文学院教师）

目录

应该，是放下吧

人生的答卷从来没有满分，

纵使千般寻觅，万般波澜，

也难得圆满。

乌云先生：

乌云先生，你好呀。最近我住的城市天气很好，这几天一直待在家里没有出门，并且什么事都没干。我既没有看书也没有学习。这样的日子给我的感受是怎样的呢——让我感到不安，焦虑，觉得颓废。别人可能会说你事情都做完了，不能安心休息一下吗？是啊，乌云先生，我是什么时候开始觉得休息就是浪费时间的呢？最让我感到担忧的是计划还没完成，我却不想坚持了。八月初的几天，我在家里度日如年。在这种不习惯的日子里，我又重新列了新的计划，日子平平淡淡，普通又忙碌。我不能说这种日子让我感到开心，但起码让我觉得安心。

从前列过计划，但我基本完成不了，不是能力问题，是因为意志力还不够。有时候我在想，新的生活不是刻意要去改变的，时机成熟，突然有一天它就会来的。从前我以为，人们需要拼尽全力，努力追赶，好的改变才会出现，但是我到现在才明白，改变不是瞬间的事，而是连续的。乌云先生，我们不应该太心急，埋下去的种子需要每天悉心照顾才有可能长成大树。太费劲的事只能说时间还没到。人生还长，我们还有大把时光去完成自己想完成的事情。太费劲了，觉得累了，那就再缓缓。

一年说长不长，说短不短。这些日子过去，或许真的发生了改变我人生的事情。站在当下，我回望过去的时光。伤心的事太多了，但写一封信，看会儿书，听会儿歌，就让我变得平静又快乐。暂时放下或许是个不错的选择。一件事一个人，是会有苦苦追寻也终究无法近身的时候，放过自己，这不是认输。从前认为生活总是苦难多多的我不相信会如此简单地获得快乐，可是我错了。命运给我们什么，我们就接受什么。乌云先生，我原谅命运了，一切冥冥之中自有定数。无论过去有多糟，但毕竟过去了，早已不在意。我想说的是，终其一生，最重要的不是坚持，而是放下。有一天我也会发现曾经那个多愁善感的自己，竟也学会了面不改色，把百转千回放在心里，忍住无数个渴望倾诉的瞬间，独自挨了过来。人都是会变的，只有时间的快和缓不同罢了。

乌云先生，人是很伟大的，时间也是。随着时间的流逝，人的知识和阅历都在增加。时间会改变一切的吧。曾经心心念念想长大，哈，一转眼已经长成大姑娘了。人生的确很艰难，每一个人都有自己的艰难，但人生不是处处都很艰难，总有峰回路转时。生命不存在绝对的绝望，绝望里会有希望的。很多时候，我对自己说，于是我这么做。时间推着我往前走，于是我缓慢地移动，人生也终于有了进展。

最近外面的世界不太平，我睡得也多了。很多事情睡一觉就解决了，事情会想明白的，道理迟早会懂的。该休息的时候休息，该学习的时候学习。人生还长，有什么好急的呢？乌云先生，不同的人来来往往，我是个很容易被人影响的人，看见别人牺牲睡眠时间来增加自己学习的时间，我也去试了，结果不尽如人意。所以我决定不再强求自己一定要比身边的人厉害，每个人都有自己的人生，我的人生，我要活出自我，仅此而已。从前的自己真是倔强得可怜，什么都想得到却什么都得不到。我真的放下了，无论是舍不得的人还是令我感到愤怒的事，抑或是遗憾。世事深不见底，人生终似浮萍。走得不卑不亢，便自成风景。过哪种人生我都接受。

乌云先生，确实在很长一段时间，我很难安静下来。世界如此喧嚣，个人的心灵是很难平静下来的。于是我读很多书，把自己关在房间里。乌云先生，你跟我说过你的心事很多。关于这个问题，我们讨论过很多次。曾经我的心事也很多，不过此刻我把一切都看得很淡，我释然了。人生的答卷从来没有满分，纵使千般寻觅，万般波澜，也难得圆满。乌云先生，人生不是只有一种选择，无论活成什么样子，你都尽力了，不是吗？

　　不知不觉就写了那么多。是时候说再见啦，这一分别又不知是多久，不过我们会再见的。乌云先生请记得人生最重要的应该是放下。之后的日子里，希望你的快乐多一点。

2021.9.4

晴天小姐

烦恼很多，总会过去的

希望你也永远热爱生活，
如果遇到不顺心的事了，就去买一包糖吧。
烦恼很多，但，总会过去的。
生活虽苦，但糖很甜呀。

乌云先生:

好久不见呀，乌云先生。最近我住的城市天气仍然很热，完全没有秋天的样子。这次想跟你说一件过去了很久的事情，之所以过了那么久才说是因为我终于能不带任何感情色彩来诉说这件事。

大概是上学期吧，我们班的一个同学在大家聊天的时候说有个班的女生说她坏话，然后有一次在学校小卖部里碰到那个女生了，我就很大声地说了一些讽刺的话。当时我觉得坏话不要在背地里说，就应该光明正大地说。好吧，事实证明我错了。后来她给我写信，说能不能和我做朋友。因为有前面的事情，我们班的女生都不喜欢她。当爱浮小姐和妮妮小姐看见她的这封信时，立马跑上楼说我不想和她做朋友。没有想到，事情比我想得还要糟糕。那个女生一直在说我坏话。当时的我是一个容易冲动的人，我想都没想就去找那个女生对质。过程中，我没有一个字表达对她的不敬，可她又在别人面前说我骂她。我真的受不了了，我再一次去找她。这一次我仍旧没有骂她，但是到了最后我们吵得很凶。亲爱的乌云先生，说实话我找完她就后悔了，我每天躺在床上都觉得自己做得不对。再到后来，老师们知道了这件事，班主任说以后这种事要交给他处理，毕竟是跨班级的事情。我真的没有想到事情会闹得那么大，原先以为自己能私下处理好，果然还是太年轻了，做事太莽撞了。

这件事过去的几周里，我仍看那个女生不顺眼，我真的讨厌死她了。乌云先生，我从来没有这么讨厌过一个人。我不知道在你的生活中有没有你讨厌的人，如果有，那你是如何处理的呢？现在说起这件事，我已经很平静了，现在也不觉得她有多讨厌了。不是因为她对我做了什么好事，仅仅是因为我释怀了。那件事就这样没有后续，不了了之了。

直到上周的运动会，我跟她在跳高赛场碰见了。从头到尾我们没有说一句话。如果在学校里某个地方碰到，我会微笑着面对她。我想所有人都会喜欢一个友善的人，也没有什么仇是过不去的，对吧。

亲爱的乌云先生，小时候遇到讨厌的人，要么动手要么动嘴，总想用某种方式证明自己是对的，别人才是有错的一方。经历了这件事后，我再也不愿意与之争辩或再解释什么了。是真的没有必要了吧，即使自己去说，对方也会反驳，反驳不过自己又受委屈。就像我一样，反驳完什么都没有解决，还给自己惹一身麻烦。对于她，我不知道她是怎么想的，我不了解她，不知道她的人品，如果她再去传播什么，我也无话可说了，她们要说就说去吧。

以前总觉得不应该有讨厌的人，应该做一个热爱生活，热爱一切的人，但遇到了也不得不面对。我的人生才过去十分之一，以后肯定会遇到很多自己不喜欢的人，如果都像我之前一样处理的话，那就太不成熟了。是时候长大了，要学会一些事情不必那么张扬地处理，肯定有比这好的办法去解决问题。比如释怀，也就是看淡这一切。我学过的每一样东西，遭受的每一次苦难，都会在我一生中某个时候派上用场。

时间总是最好的办法，随着时间的流逝，一些事和一些人会渐渐淡出你的记忆。时间会教给我们一切。即使现在你无法明白这道理，但你以后肯定会在某个瞬间懂得的。

亲爱的乌云先生呀，最重要的是我们没必要把时间浪费在坏情绪上面，这样会不开心的，一点也不值得。我们应该把时间用在好好生活、奋斗拼搏上，努力提升自我。过去的事就让它过去吧。将这些难过的记忆清理出去，永远笑对人生。

又到了说再见的时刻了，乌云先生希望你也永远热爱生活，如果遇到不顺心的事了，就去买一包糖吧。烦恼很多，但，总会过去的。生活虽苦，但糖很甜呀。

2021.10.6

晴天小·姐

相信爱，向往爱，奔向爱

一边跌跌前进，一边重振旗鼓。

多年后，回想起年少时的悸动与执着，

或许真的会很难忘。

乌云先生：

你好呀，最近过得好吗？我最近不太喜欢出门，常常一整天都关在房间里。

爱浮小姐是我的室友，她喜欢其他班的一个男生。于是，每次下课她就会到门口等着那个男生经过教室去灌水。回到寝室里，她会跟我讲今天和那个男生发生了什么有趣的事情。有了喜欢的人可能就会这样吧，喜欢的人看了自己一眼就能高兴半天，之前的我何尝不是这样呢。如今N先生毕业了，在此之后我便再也没见过他。没有半点悲伤，也不觉得遗憾。我喜欢了一个永远不可能爱自己的人，是暗恋，是爱而不得。再大一点，会觉得爱情是至上的，有爱就拥有全世界。我现在爱得很理智也很识趣。热爱生活，也允许自己有时抱怨。没有人会永远爱我，但一直有人会爱我，明白这一点，我便不会因为N先生不喜欢我而伤心了。总之，我永远相信爱的存在。

亲爱的乌云先生，我不知道我会喜欢N先生多久，也没有想过突然有一天不喜欢他的情景。如果那天终究是要来的，那我一定会很快忘了他的。生活不是没有他就不行，如果最终能和他在一起，我会很快乐，如果没办法在一起，我的人生依旧如常。有些时候，我也想过放弃，但是感觉心里必须要有个喜欢的人才行。遇到挫折时，想想他就很快振作起来。怎么说呢，N先生是我现阶段不可或缺的人，即使我从来没跟他说过话。我当然希望他能是我一直喜欢的人，但是年年岁岁花相似，岁岁年年人不同。很多事情也不是我能说了算的。反正，现在所经历的一切都是我选择的，结果不好我也不后悔。总之，我始终向往爱。

心理课上，老师问我们"你觉得喜欢一个人要怎么办"，有同学回答"喜欢就要大胆说出来"。确实是这样，你可以跟同学、朋友说，他们会给你提出建议，他们可能会是神助攻。我们自己人生的幸福掌握在自己手中，要勇敢踏出那一步，表白被拒了又不是什么丢脸的事。当然，亲爱的乌云先生，我也不是鼓励早恋，就是说在管理好学习生活且不影响学习之余，你有权利去追求"爱情"。我对这件事保持中立态度，它有好有坏，因人而异吧。总之，我会适时奔向爱。

乌云先生，每个人都想把手伸向夜空，去捕捉那属于自己的星星。我们都希望自己有一个好的前程，然后谈一场轰轰烈烈的恋爱。这些选择权都属于自己。想清楚你到底想要什么，然后朝着那个目标前行。一边踉跄前进，一边重振旗鼓。多年后，回想起年少时的悸动与执着，或许真的会很难忘。你说对吧？

2021.10.30

晴天小姐

炸鱼与鱼仔

我感谢命运，让我遇见了小鱼仔们，

当然也感激遇到了炸鱼先生，

是他将四处游动的鱼仔聚集在一起。

乌云先生：

你好呀，几日不见，甚是想念。

最近我的心情比较低落，可能更多的是气愤与无法理解吧。炸鱼先生是我们班的班主任。说实话，我是不太喜欢他的，因为他有时候的行为和决策让人很难理解。比如这周四下午第四节课后本来是要跑操的，但是秋叶小姐要上一节语文课，于是我们班就没有去跑步。秋叶小姐想让我们早点下课去自由活动，结果下课后只剩十分钟时间就该去吃饭了，炸鱼先生此时却让我们去跑操。我极不情愿，但无奈身在"8班"，身不由己。炸鱼先生是"老大"，不愿意也得跑。还有他管理班级的这些"政策"，有效期很少有超过两周的。而且他对男生特别严格，如果他们寝室卫生、纪律被扣分了，就会让他们绕操场跑52圈，想想都吓人。我不由得有点心疼男生了。

写这封信，我下了很大的决心。有些事我不敢对别人说，就跟你说，因为你不是外人。

炸鱼先生只要没有课，他就会坐到教室后排听课。他这么做就是防止有人上课不认真听，能够及时"就地正法"。我虽然没有被他"制裁"过，但是他坐在后排真的一点也不自在。说不出什么感觉，就是不舒服。乌云先生，我知道炸鱼先生都是为了我们的学习，但我更希望是另一种方式。转念一想，他是第一次当班主任，肯定会遇到困难，也有难言之隐。我也只好释然了。炸鱼先生也不是毫无优点，他有时对我们很好，上学期期末复习阶段，他看我们学习很辛苦就给我们买了烤串。

亲爱的乌云先生，我是很爱我们班的，这次运动会，我们从去年的第11名，到今年的第4名，离不开8班每一位同学和老师的努力。我们班同学都很幽默而且友爱团结，这是我最喜欢他们的原因。我们就像一群小鱼仔，正值风华正茂时。这让十年如一日的学习生活增添了欢乐的色彩。从此，便觉得自己是个幸运的人，因为身边有这么好的一群同学。哈，好开心呀，想到明天又可以回到学校看到可爱的同学们，心情就很美好。接下来相处的日子也不多了，初中短短三年，现在已过去一半。这些日子里有多少委屈的时刻数不清了，但是这也不算坏事，我明白以后的路会更难走，于是我珍惜当下的每分每秒，绝美的风景在路上，绝好的时光在此刻。

每次感受到这种班集体的力量，都让我忍不住感动。我感谢命运，让我遇见了小鱼仔们，当然也感激遇到了炸鱼先生，是他将四处游动的鱼仔聚集在一起。以前总觉得每天都不开心；现在不了，因为有一天我突然发现我是如此被老天眷顾，在这种艰难的日子里，也能够在无关痛痒的闲聊中放肆地大笑，我的耳边永远传来爱的回声。

亲爱的乌云先生，我太喜欢这种生活状态了，你也是吗？

2021.10.30

晴天小姐

当我读书时

要做成一件事，靠的是耐心和认真。

所以我不再不切实际地幻想未来，

我只专注于当下的生活，

眼下的一切都将是未来的投影。

乌云先生：

你好呀。

这个寒假，我似乎感受不到时间的流逝，一眨眼就到了尾声。我抬头看看书桌上摆满了各式各样的书，这才意识到，原来这个假期我看了这么多的书。

书有不同，但看书的心境都是安静的。其次，书有好坏，需要谨慎选择有用的书。再次，书有类型，不同时候看不同的书。

我常常去书店，买很多书。《盗墓笔记》无疑是我整个假期最爱的书了。

今天看完了《盗墓笔记》的大结局，这个结局我不是很喜欢。

因为它与其他书一样，留下了很多悬念。我仍然有很多疑问没有得到解答。比如终极到底是什么呢，青铜门后面到底有什么，十年后吴邪会按照约定再次来到青铜门吗……两年前只觉得这套书有点恐怖，两年后再看又有了新的见解，是故事本身吸引了我。

吴邪是这本书的主角。"吴邪，是一个很难形容的人。如果一定要说，我想说：他其实，就是一个普通人。"在刚刚看到他的时候，讨厌他的软弱，他的犹豫不决。越到后面，我却越来越喜欢他。"他单纯，有一些小聪明；他懦弱，珍惜自己的生命；他敏感，害怕伤害身边的人，他是在所有的队伍中，最不适合经历危险的人。"一个像他这样的普通人，在面对如此庞杂的绝望时，他会如何做。"我在看着他的纠结与烦恼，似乎是看到了我的纠结与烦恼。"但最让我喜欢他的是他希望所有人都好的性格。即使他最后戴着一张穷凶极恶的面具，他的内心还是吴邪。"我希望这一路走来，所有人都能好好地活着，所有人都可以看到各自的结局。我们也许不能长久地活下去，请让我们活完我们应该享有的一生。"在看到吴邪马上要逃出古墓时，而且在极其危险的情况下，他仍在想如何能救潘子，看到这里，我的心一颤。"吴邪在潘子的弥留之际向天际祈祷，虽然他身处漆黑一片的山洞中。他把所有的责任都归咎于自己，他无法面对自己一路走来的意义。"我很多时候犯错，最先想的就是逃避和退缩。但吴邪，是一个无论多么恨你，都希望你可以活下去的人。因为他懂得"活着"二字的价值。

接着是我第二个喜欢的人：闷油瓶。主要是因为看了电视剧《终极笔记》，饰演闷油瓶的人很帅，我对他就又多了几分喜欢。他没有言语，不会开心，不会悲痛，他总默默地站在那里，淡淡地看着一切。他总能在最危急的时刻突然出现，保护吴邪一行人，而后又悄无声息地消失。永远没有任何一个人可以像他那样，给你带来那么多的安全感。

胖子是一个粗中有细的人。"如果说吴邪是那种逃避痛苦的人，小哥是那种无视痛苦的人，那胖子是唯一可以化解痛苦的人。"

"所有的一切，好像都是出于最基本的感情：我希望你能平安，不管是吴邪千里追踪规劝闷油瓶，还是胖子不图金钱帮吴邪涉险，还是闷油瓶屡次解救他们两人而让自己身陷险境。"这就是铁三角。

最后是作者在后记中写的一段话："所以，如果真的要说我的运气在哪里，我觉得我的运气来自我不聪明、成绩不够好，不运动、体育不够好，但是老天爷偏爱长得丑的。如今的一切，我接受得坦然，和运气、天赋都没有关系，我只是一直被故事牵着鼻子走而已。"喜欢一件事，坚持下去，总是可以成功的。

其实，我一直觉得成绩好的人都是凭借天赋。或许有些人确实有天赋，但更多的人，他们能够获得更多的成就，是由于他们比一般人更加专注和坚持。要做成一件事，靠的是耐心和认真。所以我不再不切实际地幻想未来，我只专注于当下的生活，眼下的一切都将是未来的投影。乌云先生，你说是不是这样？

2022.2.23

晴天小·姐

回归真我

我有明确的爱，直接的厌恶，真诚的喜欢。

我也承认当自己和别人差别太大时会感到沮丧，

过于相像又会觉得无趣。

乌云先生：

最近过得好吗？今天是我的十四周岁生日，我要奔向我美好的十五岁啦！

今天气温回升，春天也要来了！

在阳光正好、微风不燥的今天，我想与你说说我内心一直想说的话。

亲爱的乌云先生，小学的时候我有讨厌的女生，因为她们比我优秀；初中一年级，我也嫉妒长得比我好看的女生。这些事情，算是我的一个小秘密吧。之前的我并不把这些流露于言表，很少在背后嚼人舌根。以至于别人都觉得我很善良，但我也因此交到了很多很多的朋友。可能看到这里，你会觉得我虚伪，有时候我也这么认为。当我不是很喜欢一个人，而又必须与这个人交往时，我就必须伪装自己：说一些违心的话，做一些自己不愿意做的事。

很庆幸，那时的我并没有真正地做自己。

又过了一些日子，我有了些变化。我有明确的爱，直接的厌恶，真诚的喜欢。我也承认当自己和别人差别太大时会感到沮丧，过于相像又会觉得无趣。此时的我，心里轻松多了。我把藏在心里多年的秘密告诉了我信任的人。心头上终于轻松了一些，不过我还是保留了自己的一些隐私和秘密。我始终觉得人应该保持一定神秘感，人与人之间也要保留距离感。

乌云先生，曾经有一段时间我特别叛逆，以买鞋子、包包、衣服来满足自己的虚荣心。虽然真的很不愿意承认，但之前的我真的被消费主义绑架过。我花着爸妈的钱，被那些物质诱惑着。我是一个很自卑的人，所以我一直争取机会展示自己，就好像我在向别人说："我比你厉害。"参加很多的比赛，拿了很多奖，我这才觉得自己好像有了些自信。看到同龄人或者与我年纪相仿的女孩穿着时髦的衣服、背着昂贵的包包，我就在想，是不是我拥有了这些就能被别人看得起。前几天刷到房琪的视频，那条视频的名字叫作《延迟满足》。她说得很对："当有一天潮水退去，那些包包和美照，不能成为我抵御风险的盔甲。"安全感和底气不是靠消费得来的，也不是靠攀比得来的，像我这样普通的人，是要靠自己努力拼来的。从那以后，我专注于手头的事情。上课认真听课，不开小差；坚持写作，挖掘更多的兴趣爱好；将每一件事情做到最好，不辜负时光也不辜负自己。

到了现在，十多岁的一个小女孩，真的做到"回归真我"了吗？乌云先生，到底什么才算是"真我"呢？说实话，我也不完全清楚，只知道"真我"是"真正的我"的意思。有一天，在学校里，吃完晚饭回教室的路上，太阳的余晖洒在湖面上，波光粼粼的，我心情极好。我突然意识到，我每天吃饱睡好，努力学习，取得好的成绩，考上理想的高中和大学……脚踏实地过好每一天，就是最真实的生活，就能找到最真实的自己。

回归真我，很重要，不是吗？

2022.2.26

晴天小·姐

等待命中注定

街上的路灯会为我亮起，晚风会不偏心地给我做伴，

桂花的香味也有一份是为我散发的，

这个世界在用它的方式偷偷爱着我。

乌云先生：

　　最近过得好吗？2021年似乎没有秋天，我住的城市天气一下子变得好冷，猝不及防。早上从被窝中探出头来，便觉得凉飕飕的。校园里的银杏全黄了，路边都是落下的银杏果。在阳光中眯起眼睛，呼吸一口清晨的空气，感觉特别舒服。我知道，冬天快要来了，新年也马上要到了。我不禁感叹时间过得真的太快了。我细细回想，今年干了些什么，好像跟去年、前年没什么两样。

　　之前，我是最喜欢秋天的，不是因为秋天很美，是因为多愁善感。很多事情的答案总会在秋天得到解答。乌云先生，我喜欢上了一个男生，暂且唤他N先生吧。N先生是上一届的初三学生。我在见他的第一眼时就喜欢上他了，一见钟情。在开学

典礼上，有一个环节是初三的学长学姐送给初一的学弟学妹礼物。我是代表我们班级上台的，他也是代表。因为他长得太帅，一下子就吸引了我的注意力。天呐，这感觉就是小鹿乱撞。后来，因一个学期忙于学生会的工作，我便没有再去多关注他。第二个学期，有一天突然发现，他们班吃饭的位置和我们班一样，每天吃饭都能碰到他。有时，出食堂后，我会远远跟在他的后面，看着他的背影渐渐远去。亲爱的乌云先生，你知道吗，只要看到他，即使是再糟糕的一天我也会觉得开心得不得了。就这样，他走在前面，我跟在后面的日子持续了很久，直到他中考结束。他成绩很好，在我眼里他是才华与相貌聚集于一身的男生。太喜欢优秀的男孩子了，我真的真的太喜欢他了。每天回到寝室躺在床上，满脑子都是他的模样。很多时候觉得坚持不下去了，就想想N先生，一下子又有了使不完的劲儿。

你肯定想问，为什么不去追他。这个问题我其实也想了很久，有多方面的原因吧。听别人说他有喜欢的人，也有女朋友。于是我就决定只是喜欢他，把他当成我的榜样。要努力追逐光，成为光，超越光，你说对吧？亲爱的乌云先生，喜欢的人不喜欢自己的滋味并不好受。在这个乱糟糟的世界里，每一个人都希望遇到属于自己的光。可是，我也没办法啊，喜欢不意味着就要得到。于是，我把他的照片打印出来，摆在我的桌子上，放在铅笔盒里。现在见不到面了，至少还有照片能看，我已经很知足了。在少女时代，懵懂的悸动，确实很让人难忘。我早就知道，命运早就帮我们写好了结局，我和N先生就如两条永不相交的直线。不过好在，一切也没那么糟。街上的路灯会为我亮起，晚风会不偏心地给我做伴，桂花的香味也有一份是为我散发的，这个世界在用它的方式偷偷爱着我。乌云先生，很多东西努力一下是可以争取到的，但是感情这事强求不来。所以我让自己变得更加优秀，站在他看得到的地方，用行动来证明自己的誓言。

乌云先生，我有好多好多话想跟他说。但世事难得圆满，人生嘛，有太多不如意的事情了。曾经在草稿纸上写满他的名字，也在梦中梦见他，年轻时的喜欢，仅仅是像风一样，想触碰又觉得遥不可及。至今还记得四年级时在一本书上看见张爱玲的一句话："喜欢一个人，会卑微到尘埃里，然后开出花来。"

亲爱的乌云先生，最后我还想说，在喜欢别人之前要先自爱，永远都是先悦己后悦人。每个人都有喜欢别人的权利，不要自卑，可能在你喜欢的人面前你只不过是他的小迷妹，但在爱你的人的面前你可是天使啊。所以呀，喜欢的人不喜欢自己真的没什么好难过的。我们一定会遇到命中注定的那个人的。

再等等吧！

2022.3.5

晴天小姐

做自己人生的北极星

人生那么长，总会遇到困难，

每个人都是独立且不同的个体，没必要样样都是最好，

世界上也没有人是十全十美的。

乌云先生：

最近过得好吗？最近发生了一些不愉快的事情。你我不是外人，所以我就直奔主题了。

学校要选入团积极分子，各班都举行了投票。这周的其中一个晚上的晚一（晚自习第一节），广播通知各班入选的同学去开会。因为在这之前有同学告诉我肯定有我，但是没有听到我的名字，我立马就失落了。晚一过后我去找了那个同学，她把投票结果给我看了，我的票数明明比其他两个人的都高。为什么不选我，为什么不选我，是不是我哪里做得不够好？炸鱼先生不选我肯定有他的道理吧。后来还是忍不住去问炸鱼先生原因。他把我叫到教室外，没想到这一聊就聊了一个晚二（晚自习第二节）。

炸鱼先生说，他在我们仨中犹豫了很久，前前后后改了三次，但是在第三次的时候，就没有我了。听到这里，我不禁觉得自己运气真烂。炸鱼先生其实考虑了很多，听他讲了这么多，我也确实觉得没那么难过了。

很少与老师交流的我，是不太愿意把心里话说给别人的。但是这次真的让我想起了小学的事，我竟直接哭出来了。在别人看来我可能一直都是很坚强的样子，其实内心也有很软弱的一部分。亲爱的乌云先生，每个人都有一段不愿提起的过往吧。有很多很多的问题想问，即使得到了答案，遇到实际问题仍旧会"踩坑"，经历了才真正懂得这个道理。

最近睡得多了，没有晚上熬夜学习，也没有在午休的时候写作业。从初一拼命学到现在，我的心态变了太多。这是为什么呢？因为尝试了那么多的学习方法都无法提升反而退步。乌云先生，这真是一个糟糕的情况，我不是那种有天赋的人，即使上了那么多培训班，我的理科依旧很差。有时候我不禁抱怨老天爷的不公，但我想这就是命。我真的非常非常想学好，可什么办法都没有用啊，怎么办呢？老师说我没有上一学期努力了，我不知道该怎么回答，我也感受到我没有上一学期努力了，但这不是因为我放松了，我只是换了一种学习方式罢了。我认真听每节课，仔细写每项作业，力求每件事都做到最好。结果却不如人意，大考还是不行。我又开始着急了。我一遍遍在心里问自己该怎么办，没人告诉我答案，这让我绝望。

乌云先生，我把更多的时间分配给我热爱的东西，比如写作，我不再强求自己一定要考到多少分了。我的父母也没有要求过我的成绩要多好，我真的很开心。其实现在有很多父母逼着孩子去学，而孩子并不愿意，这样也是学不进去的。我每周坚持给你写信，每天晚上都会看一篇文章，有时候也会把它朗读出来以此训练我的朗诵水平。我在我擅长的领域蒸蒸日上，而在我不太擅长甚至一窍不通的领域，我会努力去学并且制订长期计划去克服。

人生那么长，总会遇到困难，每个人都是独立且不同的个体，没必要样样都是最好，世界上也没有人是十全十美的。亲爱的乌云先生，有的人有时候太急切地想要一个答案了，想要不劳而获的成绩，想要瞬间的成就，想要闪闪发光，想要证明给别人看自己真的很优秀，殊不知整日空想只会败北。我觉得一切事情都是缓慢形成的，我们的人生只够我们完成好一件事。能把一件事做到极致，已经很不容易了，真的不必再去勉强自己什么都学。去年暑假，我学了一期法语，只学了音标，到现在可能都忘光了。停了一年多，现在我又一次想去学，可是爸妈不同意。爸爸一直劝我说，现在学法语没有价值和用处。可是我总是听不进去，我就是想学。因为这事，我也常常跟爸妈吵架，每次都哭得稀里哗啦。现在冷静下来仔细想想，法语可以等到我中考结束再学，现阶段目标就是备战中考，应该先把英语学好。好吧，这件事给我带来的烦恼终于在我心中消除了，心心念念了这么久，最终也能释怀了。这也是个不错的结局。

乌云先生，总有一天我也会闪闪发光的。我在慢慢地等那天到来，如果那天来了，那我一定要第一个告诉你！

亲爱的乌云先生，我的内心告诉我那天快要来了……

2022.3.5

晴天小姐

做情绪的主人

我们每天都会遇到很多事情，有时愤怒，
有时开心，我们要做的是对自己的情绪负责，
不做情绪的奴隶。

乌云先生：

这周五我回到家，妮妮小姐发了一条炸鱼先生给她打语音通话的朋友圈，我看到后立马去问她发生了什么事。她说，炸鱼先生说饼干小姐很难过，也让她觉得很不舒服。周五的信息课上，饼干小姐和某个男生吵架，那个男生说饼干小姐娘胎里变异。妮妮小姐当时要抄写代码，而他们吵架，吵得太大声，因此很生气，便说了句"对"。波树小姐听到后就把这件事告诉了饼干小姐，事情便变得不可收拾了。

周天回到学校，妮妮小姐和饼干小姐没有说一句话。第二天我问妮妮小姐，有没有跟饼干小姐道歉。她说："没有，我没有做错。"炸鱼先生找了她们两个还有一些男生谈话，其中一个男生是我的同桌曼肥先生。我前桌是妮妮小姐，斜后桌是爱浮小姐。

我们几人都很关心，炸鱼先生到底跟他们说了什么。于是我同桌就在纸上写下了他们谈话的过程。我没有仔细看内容，只听到他说饼干小姐差点和炸鱼先生吵起来。我们女生之间也都在讨论这件事，大家都觉得芝麻粒大点事，没必要告诉老师。饼干小姐把事情闹得太大了。

班里的女生分成三派。一派支持饼干小姐，一派支持妮妮小姐，一派则是中立。我是中立的，我和妮妮小姐、饼干小姐的关系都很好，但我最近一直都在跟妮妮小姐相处，自然也会更偏向妮妮小姐。跑操过后有篮球训练，大家都无心训练，便围成一个又一个小圈子，讨论着这件事情。晚饭过后，我单独找饼干小姐谈。我跟她说，妮妮小姐想跟她道歉，但怕你不接受。她坚决地说不接受，还让我转告妮妮小姐，这让我觉得意外。我跟妮妮小姐说了这件事。跟妮妮小姐同寝室的人都说没必要。

星期二晚上，妮妮小姐和饼干小姐和好了。我不太清楚是如何和好的，总之和好了总是好的。

接着第二件事来了。爱浮小姐曾说，炸鱼先生说妮妮小姐家教不好。而大家都知道，炸鱼先生喜欢在别的同学面前说其他同学的"坏话"。久而久之，爱浮小姐便觉得他是"两面派"。晚自修的时候，炸鱼先生将先前发给每个人的化学默写单都收回来，重新分发。他又讲了一些话，大概意思就是"不尊重他的人没有这张默写单"。包括我在内的很多同学都没有不尊重他，但我们就是没发到。这让很多同学不满。

星期三的上午，爱浮小姐背着书包要出去。幸亏草莓小姐和河姆小姐及时发现，将爱浮小姐控制住。河姆小姐让爱浮小姐先去湖心亭冷静一下。她们回教室告诉了语文老师秋叶小姐，秋叶小姐告诉了炸鱼先生。课后，我们几个女生以为爱浮小姐去了心理辅导室就跑去五楼，结果发现没人。突然有人看到下面站着草莓小姐和河姆小姐，湖心亭站着炸鱼先生和爱浮小姐。我们趴在栏杆上看了一会儿，就决定下去看看。其实我们也不能靠近，只能远远地看一会儿就回教室了。上数学课时，爱浮小姐回来了，但老师见她脸色不好，让她先去医务室休息一下。

下午的班队课，炸鱼先生把班上所有女生带到12号楼阶梯教室前面。炸鱼先生让我们每一个人都说一下关于师生关系或同学关系的问题。通过这次集体谈话，很多事情都得到了解释。爱浮小姐所说的"两面派"，其实是炸鱼先生在和某个同学谈话时，让那个同学知道自己和别的同学的异同点，做一个对比而已，不是在别的同学面前说"坏话"。以及，说妮妮小姐家教不好，也是带了一个很大的前提，不是真正意义上的家教不好……其实，最终发现这些事情都是因为人传人，传到最后已经偏离真相太远了。不过，如今一个一个的误会都已经解释清楚。我们都不讨厌炸鱼先生了。

亲爱的乌云先生，这周发生了太多事情，好累啊。这几天的经历就像戏剧般不可思议，我怎么也想不到居然会是这样的结局，不过也挺好的，是个happy ending。

其实，我最想说的是，我们都应该对亲耳听到的和亲眼看到的只信一半。人是复杂的动物，我们考虑问题要多角度，不能简单地评价一个人或者一件事，一个人基于某种环境做出一件事情，我们要设身处地地去感受，而不是站在道德制高点批判。判断一个人的好坏，不是非白即黑的。要知道伟大和渺小，善良和邪恶是可以同时存在于一颗心的。如今，我不会轻易讨厌一个人，最多也是不喜欢一个人的行为，不会上升到就此否定这个人的为人。人都不是十全十美的，对吧？炸鱼先生是个总被情绪驱动的人，也就是不太会调整自己的情绪。炸鱼先生说，他也在努力控制。人有喜怒哀乐，不同的经历带来不同的心境，这是很正常的事情。我们每天都会遇到很多事情，有时愤怒，有时开心，我们要做的是对自己的情绪负责，不做情绪的奴隶。

希望大家都能变得成熟些，不轻信他人所说，不随意发泄情绪，你说对不对？

2022.3.12

晴天小姐

My friends

如果你的朋友让你觉得自己很糟糕的话，
那就赶紧和那个人说"拜拜"吧。
真正的朋友是能让你成长的，是能够成就彼此的。

乌云先生：

一周又过去了啊，最近过得好吗？

这几天我住的城市下了雨，天气又冷了些。本以为夏天都要来了，结果老天爷总是喜欢捉弄人，就像我们的生活一样，每天都有意想不到的事情发生。

上周是别人的人际关系出了问题，这周就轮到我了。前天早上，还是和平常一样，我和妮妮小姐一起去吃早饭。可是她又莫名其妙地一句话不说了。吃完早饭，回教室的路上，我问她发生了什么事，她没理我，接着我又问了好儿遍，她依然不说话，我便放弃了。之后我们两个人都一句话不说，我努力想找话题，可是想了半天脑子里仍旧一片空白。到了教室，她径直坐到了她的座位上，我也回到我的位子上。早读结束后，我朝她的位置看了看，她趴在桌子上，我想估计是没睡醒吧，这会儿在补觉。但是，直到中午吃完饭，她也没说一句话，我就跟其他同学说，妮妮小姐心情好像又不好了。我们大家都去安慰她，但她露出了反感的表情。午自修前，我看到河姆小姐和妮妮小姐在教室外面说着什么。下课我去问河姆小姐，她说妮妮小姐这样是因为情感问题。

但是，她为什么不跟我说呢？我自认为我是她很好的朋友，但是她从来不跟我说心里话，上次也是。下午的课，我都有些心不在焉。终于熬过四节课，因为天气原因，今天不能跑操。我出去灌完水后，刚要坐下来，波树小姐便问我要不要去找茅茅小姐聊天。来不及答应，她便拉我出去了，还有美美小姐等人。茅茅小姐把我们一行人带到四楼连廊处，拿了几瓶雪碧给我们。其实这还是我第一次和其他同学一起与茅茅小姐聊天。波树小姐之前就说过，她只要不开心，就会找茅茅小姐聊天。

我们各自都跟茅茅小姐说了我们的烦恼。有些是因为学习动力，有些是因为人际关系。

于是，我跟茅茅小姐说了今天早上和妮妮小姐的事。她说，其实友谊和恋爱是差不多的，她拿自己的恋爱观作例子。茅茅老师到现在都没有男朋友，是因为没有找到合适的人，她不会因为年龄就放低对对象的要求，就像一段高质量的恋爱比勉强凑合起来的关系让人收获更多。茅茅小姐跟我们分享，她中学时都是一个人走的。但是现在我们大家在学校看到有人一个人走，都觉得这个人是被孤立或是没有朋友。也许，大家都耐不住孤独吧，身边一定要有一个人能够倾诉。

与茅茅小姐聊完，我便觉得整个人都轻松了，好开心！晚饭时，我没有跟妮妮小姐走，其实我还是会想我突然不跟她走，她会不会怪我。算了算了，还是不要想这么多了，我对自己说。我蹦蹦跳跳地和波树小姐吃晚饭去了，哈哈哈。亲爱的乌云先生，我好像从来没这么快乐过。这段时间，人际关系给我带来的困扰实在是太大了，希望自己以后遇到类似的事情，都能想起茅茅小姐的话，"天大地大，自己开心最大"，都能想开一些。

乌云先生，其实，事发之前我便有了预感。我也渐渐发觉和妮妮小姐没话题了，但我还是尽力地挽回。要走的人不是突然就走的，她会慢慢地退出，但是她还在周围。身边的人换了一个又一个，在一段段关系中我更加懂得了如何成为一个合格的朋友。

在与妮妮小姐的这段关系中，她不开心的时候，我时常会觉得是不是自己做错了什么、是不是自己不够幽默。她心情低落的时候，我也很难过。乌云先生，你交朋友也一定要谨慎，如果你的朋友让你觉得自己很糟糕的话，那就赶紧和那个人说"拜拜"吧。真正的朋友是能让你成长的，是能够成就彼此的。如果你找不到那个理解你的朋友，那还不如自己一个人，一个人不是也蛮酷的吗？如今，我和妮妮小姐仍是好朋友，我们相处得依旧很融洽。还是觉得庆幸，这件事我处理得如此顺利，没有愤怒，没有尴尬。

亲爱的乌云先生，生活注定无法摆脱愁绪，没完没了的困境伴随着我们的一生。两三知己是很重要，不过我们也无须觉得自己无法跟所有人成为朋友而觉得自己不合群。如果可以的话，我们也可以尝试自己一个人走，享受孤独是一种很高的境界。一个人呢，你可以自言自语，自己说给自己听；你可以不需要照顾任何人的情绪，你只需要让自己快乐就好；你可以干任何你想干的事情，不会觉得拘束。哇，这样说来，也不是很"孤独"嘛。人的一生呀，就是不断与自己和解、成为朋友的过程，你说是不是这样？

2022.3.19

晴天小·姐

理想人生

我仍然幻想着我的未来，不知会是什么样的。

答案或许不会很快出现，但只要日子继续，

我便不会停止脚步。

乌云先生：

乌云先生，你好呀。最近过得怎么样？

星期四的晚上与我的室友爱浮小姐聊天，我们互相说了自己最理想且期待的人生。我想想自己已经很长时间没有仔细想过或谈论过自己了。这次一聊就聊到了十一点多。

爱浮小姐的理想是做一名记者、主持人。我安静地听着，只能说太美好了吧，平凡但不平庸。乌云先生，我从小的梦想呢，就是成为一名服装设计师和业余作家。有自己的服装品牌，有很多很多的钱，然后和爱的人一起环游世界。当我分享"自己的人生"时，竟发现在我预见的人生中，我在35岁就完成了所有梦想，之后的人生不知道该干什么了。我的人生好像上了发条，比别人快太多了。别人一辈子可能都完不成的事情，我却用短短二十年就完成了。当然，我也明白现实是残酷的，我的"理想人生"能实现的概率少之又少。我们的认识和能力太有限了，只能做觉得对的事，然后接受事与愿违。即使是明白这个道理，我对未来也充满了希望。现在走的每一步都算数，我都在努力朝着我的梦想前进。

这周语文老师读了一位同学的作文，是关于迷茫的。其实以前我也很迷茫。从五年级我开始努力学习，那时候应该是到现在为止，我最迷茫的阶段了吧。那时的我，喜欢独处但又时常觉得孤独；喜欢看天，思考"天空一无所有，为何给我安慰"；很敏感，遇到伤心的事，会不知所措，无法处理悲伤……到了初一，从迷茫变成了焦虑。毫无计划地拼命学啊，到头来一点效果都没有。额头上的痘越长越多。因为熬夜刷题，白天上课没精神。很多很多的问题，那时都无法快速得到答案和解决方案。好在，我挺了过来。现在想想，都觉得不可思议，我突然在某一瞬间就不急了，我慢下来，生活就开始变得有条不紊了。于是，接下来的生活，每天都很开心。虽然偶尔也会多想，不过能够很快调整过来。

亲爱的乌云先生，我仍然幻想着我的未来，不知会是什么样的。答案或许不会很快出现，所以我现在需要忍耐，需要耐心等待，需要过好每一天，需要保持心情愉悦，未来的方向便会明晰的。

　　我的未来还很长啊，我还有很多事情没有经历过，以后的事情真的说不好。只要日子继续，我便不会停止脚步，我们一起加油，好吗？

2022.3.19

晴天小·妲

我们前程似锦!

那时的我盲目又着急,什么都想学。

社团课报的是德语,后来专门找机构学法语。

到现在,德语、法语一句都讲不出来。

乌云先生:

这周我住的城市天气太冷啦,感觉一秒回到了冬天,很多同学都感冒了,但好在我没有中招,好庆幸呀!

刚刚经历了初二下学期的第一次较大型考试,期中考试前的一次阶段性考试。我知道自己考得不好,时间太紧张了,很多题目都来不及仔细计算。一般感觉不好,那差不多就是不太好了。星期三出成绩了,每次出成绩后炸鱼先生都会按照班级排名下发成绩单。一个个名字念过去,每一秒对我来说都很煎熬。念到第十个时终于到我了,我瞬间轻松了许多,笑着接过成绩单,什么感觉都没有,就是非常平静。面对这个成绩,要是以前的我,我肯定会哭、会抱怨努力没有用。波树小姐这次考得也不理想,课外活动时间,她终于忍不住哭了。我安慰她,问她要不要去操场散散心。于是我和她肩并肩，绕着跑道一圈圈地走。初三马上要体育中考，操场上都是训练的人。我想着，明年的今天，我也会站在这里。突然觉得时间过得太快了，一眨眼初中三年已经过去大半。

亲爱的乌云先生，今天想与你认真谈谈学习。我是什么时候开始觉醒的呢，大概是五年级吧。因为四年级期末考试时，我语文考了年级第一。在那个暑假，就让我妈报了很多很多的培训班。那时的我盲目又着急，什么都想学。社团课报的是德语，后来专门找机构学法语。学了一个暑假，爸妈不让我学了，为此我跟他们吵过很多次。我就在想啊，我只是想早点学、多学点，为什么他们就是不同意呢？到现在，德语、法语我一句都讲不出来。

除了一周在校的学习，周末也是一堆补习班。不是爸妈强迫的，都是我主动要求的。我的理科不好，这些年我一直在努力，学习方法换了不下十几种；我看书，书上写的方法一个个试过去，走了很多弯路，可是总不起效。尽管是这样，我仍然认为越努力，越幸运。我想应该有很多人和我一样，怎么努力也不能达到预期。那时，我是真的很迷茫啊。于是，我开始静下心来思考到底是哪里出现了问题。首先，我开始不要求自己一定要考到年级多少名，有了些效果；其次，每次考试都和自己比，只要进步了就好；然后，就是保持现状，如果有进步当然更好。看似是我对自己的要求越来越低，实则是我对"我数学不好"

的妥协。我们数学老师总说："数学是最简单的一门学科。"我就坚决不同意。有时候能做出一些难的题，但有些时候就做不出来；有些时候能考好，但有些时候考得不好。我渐渐发现，我的成绩很不稳定，忽上忽下的。运气似乎是一好一坏的，经历了一件糟糕的事，便会伴随着好的事情发生。虽然这说起来很玄乎，但直到现在我都这样认为。

只有不把努力当作努力，才能沉迷于一件事情，才能不带任何目的地专心做自己的事。如今，我不认为自己努力，我每天课间会写作业，写完作业会写教辅，每天几乎都是这样的。当努力变成习惯，你就不会因为"努力了却得不到回报"而难过。

说实话，我真的很想拥有更好的成绩，我很想成为所谓优秀的人，得到别人的认可和赞美。所以，我一直不敢停下前进的脚步，现在不会，以后更不会。"古之立大事者，不惟有超世之才，亦必有坚忍不拔之志"，遇到困难先别放弃，要在心里告诉自己大器晚成，然后义无反顾、继续大胆地向前走。

亲爱的乌云先生，我喜欢到远一点的地方，看远一点的风景……

所以，我们一起加油吧。祝我们前程似锦！

2022.3.26

晴天小姐

对社交倦怠症说 "OK"

人是社会性动物，孤单太久，会空虚；
喧嚣太久，会烦躁。做一个像样的人，
度过一个像样的人生。

乌云先生：

亲爱的乌云先生，我有时在想，为什么我看的电视剧、小说里别人的青春很美好，而我的青春每天都充斥着烦恼。

小学的时候羡慕幼儿园，初中怀念小学。人生总是这样糊涂的吧，盼得春来，又把春辜负。

前几天和爱浮小姐在寝室里聊天，她跟我说她喜欢我们班的一个男同学。但是妮妮小姐也从初一就开始喜欢这个男同学，爱浮小姐让我别告诉妮妮小姐，我信守承诺。之后每天晚上，爱浮小姐都会跟我讲她和Q先生的互动，她觉得Q先生也喜欢她。几天后，Q先生换座位换到了我的旁边，也就是说，他现在是我的同桌。我把这个消息告诉爱浮小姐，她却狠狠地瞪我。我的第一反应，就是很害怕。于是，我不跟Q先生说话，他找我说话，我也假装听不见。几节课过后，我实在是受不了了。两双眼睛盯着我，太可怕了！爱浮小姐说她不想让我和Q先生说话。我回答嗯。

下午第四节课之后是室内广播讲话，当时Q先生跟我聊天，我就笑了，爱浮小姐就叫我名字，我转头，又是那个恶狠狠的眼神。我真的受不了了，所以电视课的时候我便和波树小姐找茅茅小姐，跟她说了这件事。茅茅小姐给的建议是，我应该跟她好好谈一下。"你怎么能说'嗯'呢？你就该跟她说，如果让你不和你的同桌说话，你会好受吗？"我瞬间被点醒了。爱浮小姐太以自我为中心了。我一整天总共没跟Q先生说几句话，她却瞪了我好多次。我其实在心里已经想好怎么跟她说了，比如"你喜欢Q先生，关我什么事，你还要剥夺我的言论自由"等，但最终我都没有说出口。后来，回到寝室，我们没有刻意去说这件事，自然而然我就把我想表达的意思跟平常聊天一样说了出来。她自己也跟我解释，她瞪我是因为换座位这件事太突然了，很快就会适应的。我跟她说"你也不能剥夺他的交友自由，对吧"，她也十分认同。总之，非常轻松地结束了这次话题，我想说的不知不觉都已经说完了，没有强硬的态度，我们俩也都没有不开心。真的好神奇，是老天爷这么安排的吧，可能是看我真的太难了，顺手帮了我一把。

　　躺在床上，回想白天是如此煎熬，在一天结束之际又是如此轻松。在很多瞬间，我都不想面对爱浮小姐，她每瞪我一下，我就越害怕。在很多瞬间，我都想逃避，人际关系好烦呐。不想跟任何人说话，不想想任何事，也不想做任何事，只想一个人待着。心情很不好的时候，别人找我聊天，我也会迅速整顿情绪，不流于言表，与正常人一般地和别人说话。

　　社交，是我们这辈子都无法躲避的。虽然它真的很麻烦，得考虑对方喜好，在说每句话之前都要在脑子里走一遍程序，稍不注意，就会让对方不舒服。身边的好友就那么几个，每天频繁对话，也会觉得厌烦。翻来覆去差不多的事，跟不同的人都说一遍，说着说着就不想说了。每当这时候，我就自己一个人，刷视频也好，看剧也罢，总之那一刻我只想安静地一个人做自己的事情。除非不得已，我也绝不会花费精力去维系社交关系。

　　亲爱的乌云先生，大多数人都会有同感吧，但请不要给自己贴上"社恐"的标签。我们只是把人性看得太清楚了，或觉腻烦，或觉厌恶。在那些我们不得不社交的场合，也不要慌乱紧张，相信自己一定能落落大方地处理好一切。但在现实面前，我们必须坦然向前走。试着去爱上社交吧，也许我们会从中收获更多的知识，收获意想不到的友谊，你说是不是这样？

　　试着去跟新认识的人结交，你们会有很多话题聊的，偶尔走出舒适圈，与平日不熟悉的人交流一番，了解不同的生活方式，也是一种不错的体验。人是社会性动物，孤单太久，会空虚；喧嚣太久，会烦躁。做一个像样的人，度过一个像样的人生，尽量去突破自己，成为一个能够经受磨难的人。

我想说的是，乌云先生，不想社交是一件很正常的事情。不想社交的日子里，不如单纯地发发呆吧，毕竟这是春天呀，这是发呆的季节，你说对不对？

2022.4.3

晴天小姐

我们都是自己人生的主角

好像我只是刚刚适合做自己，

演绎别人或是模仿别人真的太难了，

想想电视剧里的演员真厉害，演得好像。

乌云先生：

最近过得好吗？我住的城市天气越来越热了。班里的很多女同学早就开始了减肥、变美计划，我也紧随其后。

到了初二，真的和初一不一样了。很多男生初一的时候不学习，到了初二开始"觉醒"了。很多女生原本不在意脸蛋，也开始注重防晒、护肤了。总之，大家都在慢慢变好。

我长得不够漂亮，身材不够好，但其实我并不在意这些，只是班里的氛围是这样罢了。有一天晚上，我躺在床上突然就想起小时候说想当明星，因为能赚很多钱。后来啊，发现自己唱歌不行，演戏不行——"关于演员的自我修养"样样不行。

乌云先生，小学四年级的时候，学校举办英语歌唱比赛。

先是在班里海选，再到年级海选，最后表演并评选"十佳歌手"，大概就是这样一个流程。我和同学组队踊跃报名，当时的我觉得自己唱歌很好听，因为同学们都这样说。到了班级海选的时候，我信心满满，和同学们上台每人唱一句歌词，不料自己却被刷下来了。英语老师选择了英语成绩比我好的同学。第二年，我继续报名参加。我和几个同学提前了一个月排练，到了海选那天，我又被刷下来了。那时我真的不明白，为什么老师选了那两个同学而不选我。眼泪不受控制地流下来，而且是在全班同学面前。那是2018年的冬天，雪下得格外的大。那时我觉得是老师偏心。之后的日子里，我很讨厌她，虽然她很快因生孩子暂时离校休假了。直到上了初中之后，她们说我唱歌很难听，我才意识到不是老师偏心，是我真的唱得不够好。现在留在我心底的只剩愧疚了，都怪我年少轻狂。

还有一次，小学时上戏剧课。那个外教老师要选人演戏剧。班里只有三个人没被选中，我是其中一个。一个要好的朋友，因为我被踢出去还哭了，她说我这么好，为什么不选我？然后她也被踢出来了，我们在戏剧教室隔壁的一个教室里待了一节课。大概是因为我的性格就是不太放得开的那种，每周我最不期待的就是戏剧课。每次上戏剧课，我都觉得自己格格不入。别人都很开心，我也试图让自己放开些，可结果不尽如人意。勉强让自己放开的动作很奇怪很别扭，我自己也觉得尴尬。这周，课间的时候我们在模仿抖音上最近很火的梗。他们让我来演，但是有人起哄说"什么鬼呀，没感觉"。哎，算了吧，我没有当演员的天赋。

好像我只是刚刚适合做自己。亲爱的乌云先生，演绎别人或是模仿别人真的太难了，想想电视剧里的演员真厉害，演得好像。但是我想对自己说：请坚定不移地做自己，不要因为被别人否定就放弃。而且我也慢慢发现了，我不是喜欢唱歌，而是喜欢听歌，听到好听的歌，心情就很美丽。内心仍旧要充满无限蓬勃朝气，对生活充满信心！每天总有使不完的力气，每天都要爱自己！永远有争第一的勇气和不服输的态度！

每个人都一样，谁也不比谁快乐，都在苦海中自救；每个人都不一样，都有擅长的东西，都在追求心中热爱的。我们都是自己人生的主角，主角不都是遇到再大的困难都能克服吗？乌云先生，我会继续走下去的，一起加油！

2022.4.9

晴天小姐

Let you like me

———

随着年龄的增长，
我已经不再是从前那个想争出个对错的人了。
就算我是对的，也不用非得证明别人错了。

乌云先生：

好久不见。因为新冠疫情，学校采取连读。最近我真是为人际关系头疼，再加上期中考试即将来临，让我没办法集中注意力复习。

下周，年级要开展女生排球比赛，但是我们班的六个队员还差最后一个人没有选出来。所以在体育课上，体育老师就问雨天小姐的意见，最后选了两个人。然后我们班的六强要先和七班的六强打几场比赛。本来说最后一个名额，是大家公平竞争的，但这相当于"内定"了，所以其他没被选上的同学都觉得不公平，包括我也是。我和饼干小姐、带鱼小姐一起坐在旁边看她们打比赛。我们看到七班有些球打得好就鼓掌，看到我们班打得好的也会鼓掌。爱浮和其他同学坐在对面，她走过来问我们："你们为什么要给七班鼓掌？"饼干小姐回答说："因为我们看到她们打了好球就鼓掌啊。"说完，爱浮盯着我们看，说了一句"三千金"，又回去了。下课后，我们去拿外套，就听到爱浮在我们背后说什么有病。不用猜都知道她在说我们坏话，不过她喜欢当着别人面说。吃完饭后，我们去小卖部，爱浮也正好从里面出来，她又在经过我们身边的时候说什么神经病。饼干小姐受不了了，我们就一起去告诉炸鱼先生。从办公室回到教室，我的座位是一定要经过爱浮的位置的，我经过她身边，她骂了我一句。我当时真的被气死了，但是理智占了上风。午自修的时候，炸鱼先生找了爱浮谈话，下课后炸鱼先生也找我们问了一些情况。这时爱浮就走过来给我们道歉，可她道歉的语气极不真诚。饼干小姐跟她吵了起来，爱浮先动手打饼干小姐。当时是在教室外面，很多人都来凑热闹，我和带鱼小姐把饼干小姐拉住了。晚上，炸鱼先生把爱浮换到其他寝室，现在饼干小姐是我的新室友了。

过了几天，本来和爱浮的关系稍稍缓和了一些，但也没有和好。星期五早上她说她要和我一起回家。中午我在电话亭打电话问我妈这件事，她也恰好过来了。她问我："你是不是不想让我跟你一起回家？"我不假思索地说："对，因为我跟你有矛盾。"说完我就后悔了，我在想这句话会不会伤害她。

亲爱的乌云先生，我从来没有骂过别人也没有打过架，有时候会有这样的念头，但最终因为懦弱又消失了。为什么呢？我觉得多一事不如少一事。随着年龄的增长，我已经不再是从前那个想争出个对错的人了。就算我是对的，也不用非得证明别人错了。长辈教我，即使是很好的朋友也不要和她一起在背后议论别人。爱在背后说坏话的人常常是人前卖乖、人后使坏，前一秒还在戳别人脊梁骨，后一秒就立马假惺惺变脸谱。对于这种人后不说人好话、人前却尽得好人缘的人，能离多远，就离多远。我们不要去追问这种人为什么讨厌自己，也不要枉费心思去改变这种人的看法。如果是真的朋友，他们会清楚你的为人处世的。

每当发生这种情况，我会觉得很无力，但应该立马调整心情，我不必为此负责，毕竟那些人经历了什么，都与我无关。以前我每次都会因为别人对我不好的评论而伤心半天，也会把时间浪费在解释上，这使得我经常不开心。现在，有人惹我生气了，我就问自己：他算什么？被人说三道四很正常，也许是因为他们嫉妒你，也许是因为其他各种各样的原因。不要太在意别人的看法，你只需要心无旁骛地做好自己的事情就够了。

我认为交朋友必须做到的首先就是真诚，带有强烈目的性的交往行为是最容易引起反感的。我们交朋友要找聊得来的、有共同话题的和有正能量的人，不"硬交"朋友，不"强融"圈子。饼干小姐说波树小姐觉得跟我没话题聊，其实我也有同感。我们一起走路，两个人都不知道该说什么，都觉得很尴尬。于是我果断地提出不跟她一起走了，现在我和菜豆小姐一起走开心多了。亲爱的乌云先生，能让你感到舒适的圈子，才是真正属于你的。

其次，任何时候都不应该骄傲自满，这是这几年的成长告诉我的道理。骄傲确实会让你退步并且也意味着你将会有失去朋友的风险。越是在自己生活得顺风顺水的时候，越要低调。有一句话说得特别对："自己内心能感受到幸福，何必去寻求外界的应和。"言者无意，但听者有心，别人难免会反感，毕竟人心是难以揣摩的。同样，也不应该有太多抱怨，到处传播负能量。

与人相处，我们不要吝啬赞美，也不要忘记界限感。两个人在聊天的时候，要让别人聊得开心才是真本事，学会鼓励他人，那么别人也会在你难过的时候激励你。如果是别人不想说的事，就不要再问下去。你的"锲而不舍"，在对方眼中可能只是"胡搅蛮缠"。

最后我想说的是，不要渴望"被喜欢"。一个不懂得爱自己的人很难获得真正的爱，就像电视剧中经常讨好领导的下属往往很少被尊重和珍惜。我们的一生会遇到很多人，朋友也是会变换的。良好的人际关系能为我们的生活锦上添花，但与其纠结别人是讨厌还是喜欢自己，不如释然一些，让自己成为一个内心真正强大的人，把自己变成自己喜欢的模样，而不是他人喜欢的模样。

日升日落，潮涨汐落，人来人往。年纪小的时候，总希望让那些看不惯我的人接受我。如今长大，学会在必要时锋芒毕露，也学会收放自如。漫漫且望不到头的路上，尽头真的有光，乌云背后也一定有一线曙光。乌云先生，我要努力去成为那个可爱又酷的女孩啦！

2022.4.23

晴天小·姐

"恶毒女配"的反击

我想我该试着去反驳别人，

去抒发自己的观点，

去做一个勇敢的人。

乌云先生：

最近过得好吗？又一个月过去了，五月快乐！

星期五晚上和饼干小姐聊天。她说她今天要气死了，她很讨厌某个女生。我问她怎么了，她说我们班有个女生一直在白眼她。于是我也说了一件在英语课上让我很不愉快的事。英语课上，老师让我们两两搭档练习对话。我和波树小姐一起，但我不知道香樟小姐没有搭档。后来老师让香樟小姐起来操练对话，但她没有搭档。然后老师就说："这位同学没有搭档，旁边的同学不会立马站起来帮一下吗？"老师直接叫了我名字，我不知所措且尴尬地站了起来。我转头看了一眼香樟小姐，她的表情是那种生无可恋又带点不屑的，这让我感到很不舒服。

饼干小姐也觉得香樟小姐总是把自己的情绪流露在外面。之后我们又说了很多别人的"坏话",所谓坏话,其实就是他人的某些做法让自己不舒服了。聊着聊着才发现,原来也有人跟我有一样的想法。这些原本说不出口的话,终于一泻而出。那晚我们聊到将近十二点。

说真的,乌云先生,现在班里能交心的朋友没几个。经过两年多的相处,我自认为已经了解他们,但是了解他们又能怎么样呢?也许我可以把一些心里话说给不会大嘴巴的人,把我的观点说给真正理解我的人。我正走上一条漫漫长路,在不断碰壁的过程中,学习如何辨别人、如何变得更加强大。

亲爱的乌云先生,我很羡慕饼干小姐。因为她勇敢、敢爱敢恨。这些都是我不曾拥有的性格。我跟同学闹矛盾了,我总会默默忍受着,之后便马上和好了。但饼干小姐就不一样,她会痛痛快快地跟对方大吵一架,然后潇潇洒洒地离开。我害怕别人在背后说我,也恐惧别人对我的评价。考试前的早读,班里很吵闹,班委也没有管纪律。炸鱼先生进来后让我们把所有复习资料都收进去,举报完谁在大吵大闹,才让我们复习。我很想举报爱浮,因为她笑得太大声了,以至于我出去灌水都能清晰地听到她的笑声,我犹豫不决着。我在想我要是说了,关系肯定要闹僵;不说,对我也没什么损失。就在我激烈地做思想决斗时,饼干小姐站了起来。她是第一个主动站起来承认自己吵闹的人，而和她讲话的两个人最终也没有站起来。

饼干小姐，是班里我最喜欢的女孩子，也可以说她是最理解我的人。渐渐地，我从她身上也汲取到了力量。如今的我，慢慢朝着我想成为的模样前进了。不温柔，也没有棱角，只是简单地活着。我想我该试着去反驳别人，去抒发自己的观点，去做一个勇敢的人。

乌云先生，在我成长的路上，很多人不看好我。有一次跟爸妈吵架，"她以为她写得有多好吗？"当时，听到爸爸跟妈妈说的这句话，我很难过，在房间里小声哭泣。现在想来，觉得也没什么关系，那时我写得确实很烂。然而，我不再急于证明自己了。你说我多愁善感，我说OK；你说我不行，我说没关系。这些话，已经不会影响我的心情了。你就当我是那个"恶毒女配"，这一次我也想体验一把当"小人"的滋味，让那些人看看那个多愁善感、写得烂，还有病的"小人"是如何得志的。

亲爱的乌云先生，那些活得很幸福的往往是有点"坏"的女生。她们会不顾一切地追求自己的目标；她们很有礼貌，但也敢于不给有些人好脸色；她们活得自在且快乐，她们懂得爱自己。真好啊，我也要成为像她们一样的人了！

2022.5.4

晴天小·姐

Top1：健康

人生呢，是一场超长的马拉松，

拼的不是开始时谁更快，

而是看谁的耐力更持久。

乌云先生：

呼，一周又过去了。

星期四晚上，我们一群女生围成一圈玩"真心话大冒险"。忽然，"砰"的一声，景港小姐头着地直接摔在地上，她的眼镜也甩了出去。顿时，我们都慌了神。我和带鱼小姐急忙去扶景港小姐，只见她一直在抽搐，嘴巴还在吐泡沫。直到茅茅小姐赶来，她让我们先让开。可以看得出，茅茅小姐也很紧张，因为景港小姐的头因撞击流了血。我精神恍惚，整个人还是蒙的，其他老师和医生就来了。全班的人都聚了过来，班里一片混乱。

担架来了，120救护车也来了。

再后来我们去做核酸检测了，回来后教室地上的血已经清洗掉了。

女生们都被吓到了，我也是。草莓小姐一直在哭，她说："要是我们不玩'真心话大冒险'，景港小姐就不会这样了。"河姆小姐说，当时景港小姐是先抽搐的，还以为她是在玩，就没在意，结果下一秒就倒了下去。这时，山羊小姐也过来说："我们之前出去玩，在地铁上也出现了这种情况。"

其实在前几周，我看电视剧的时候，看到了和景港小姐相似的症状，所以并没有太害怕。

最近，我也老是往医务室跑。第一次因为"姨妈"痛，第二次是胃痛，第三次还是胃痛，一天去了三次医务室。上数学课的后半节课，我的肚子就开始痛，背上都是冷汗，课根本听不进去。下了课，我立马就去医务室，买了胃药，出了医务室就喝了，喝完就不痛了。像这种类似的情况，之前就出现过好多次。我也不清楚到底是为什么，我猜测可能是因为饿了。同学听了这个理由，都笑了，虽然我也不知道哪里好笑。

炸鱼先生也生病住院了，他好像是因为急性阑尾炎，做了手术，要休息两周再回来。炸鱼先生不在的这几天，科学课都是别的老师来代课。很多人觉得其他老师没有炸鱼先生教得好，而且有些地方听不懂。炸鱼先生平时讲校本练习时每道题都很仔细地讲，其他老师就简单地讲个几题。我跟饼干小姐说："炸鱼先生不在，我们班成绩肯定要掉下去了。"

其实，我很想向炸鱼先生说句抱歉，因为之前和爱浮一个寝室时，她每天晚上都跟我说炸鱼先生的坏话，而我轻信了她。

炸鱼先生，真的很对不起。炸鱼先生真的是一个特别特别负责任的老师。他几乎没有自己的生活，他一有空就坐在教室后排陪我们上课，看我们有没有不认真；几乎每天晚自修都来班里，有什么问题都可以问他，其他科目也可以问，他都会很耐心地解答；他虽然教的是科学，但他五个科目都管，时常会额外布置一些英语默写、数学小测试之类的作业，为的就是让我们能把成绩提上去。当时不想写，现在想想他都是为我们好。假期的时候，他牺牲自己的休息时间，每天晚上钉钉会议讲题目，教我们如何订正。大概，炸鱼先生是我见过的最最负责的老师。希望炸鱼先生快快好起来，快点回来。

亲爱的乌云先生，在我看来，现在自己的身体健康是Top1，如果身体不好，真的什么都做不了。人生呢，是一场超长的马拉松，拼的不是开始时谁更快，而是看谁的耐力更持久。这是很漫长的一生，我们还有很多事情要做，可不要让病痛阻碍了我们的步伐。接下来的日子里，我们要好好爱护自己，好好吃饭，好好睡觉，保持身体无恙。希望我们大家都能健健康康、无病无灾！

2022.5.14

晴天小姐

孤独是人生必修课

这个世界虽然有很多人告诉我们远处有秀丽风景，

却没有一个人能代替我们走茫茫的夜路。

乌云先生：

最近过得好吗？漫长的春天终于结束了。天气一下子就热了起来。燥热的季节，躁动的心想要安静，可是"总有刁民想害朕"。

排球比赛最后的决赛因为各种事情一推再推。这段时间依然是一有自由活动时间，女生们就要组织练排球。有时候我并不想去，不是因为我懒，也不是因为热，就是一种感觉，那一瞬间我就是不想打。课间，除了上厕所、灌水，我基本也不离开座位，就坐在位子上写作业。这样一来，我的作业很快写完了，就可以做更多的事情。晚自修的时间可以找老师帮助解决校本或教辅的错题。与其他一下课就吵闹、玩耍到上课的同学不同，我似乎做了更有意义的事。下课，教室里闹哄哄的，但我只专注于笔下的作业，我也不在意他们在聊什么。

从小，我就不喜欢人多热闹的地方。但现在我喜欢在热闹的地方，做一个安静的人，看每个人快乐的样子。

记得有一次和妈妈吵架，我径直沿着西湖从下午一直走到晚上，我妈因为找不到我，差点报警。那时正值黄昏，太阳很晒也很热。我看着西湖的湖水波光粼粼，心情好了很多。因为手机没电了，这也让我有机会仔细观察从我身边走过的陌生人。在那一刻，我感觉内心很宁静，也不生气了。在凌晨，在空旷的十字路口，在夜晚的湖边，在人来人往的人群中，所有的事物都放慢了动作，一切都回到了最初的样子，不说话，就很好。

小学的时候很渴望一个人走，在寝室洗完澡回到教室的路上，吹着晚风，看着天，真好。这种感受孤独的时刻弥足珍贵。可不知怎地，到了初中，我很害怕独处，总希望能有个人和我一起走。前一段时间，我和菜豆小姐一起走，但另一个同学非要插进来，这让我非常不愉快，但是我没有表露出来。经过一段时间的相处，发现也没有想象中那么差。于是，那份讨厌也灰飞烟灭，之后我们都是三个人一起走，也不怕没有话题聊。

有时候我也想自己一个人到处走走，我想早一点去看看外面的世界。在圣托里尼看夕阳渐渐落于西山，到梵蒂冈感受离神最近的距离，走在香榭丽舍大街上听《告白气球》……

　　世界这么大，我想去看看。梭罗说："人在孤身一人的时候是最不孤独的，因为只有这时候他才获得一种大自在；只有在这时候，他才使流浪在众人之中的我回到他真正的家。"这样说的话，我也不是很害怕孤独了。亲爱的乌云先生，人是孤独的，我们总要学会一个人独当一面，这个世界虽然有很多人告诉我们远处有秀丽风景，却没有一个人能代替我们走茫茫的夜路。

　　我向往的生活从来都是自由的。趁着年少轻狂，吹一个人的晚风，看一个人的风景，此刻的我舒服自在，即使孤独又怎样呢，你说对不对？

2022.5.28

晴天小·姐

人生是道无解题

我希望自己是一颗星星，

可以闪闪发光，也能照亮别人，

在别人需要安慰时送上温暖。

乌云先生：

这段时间没有太多的烦恼，虽然每天都过得差不多，但是真的好开心啊。

我坐在电脑前，仔细回想这段时间这么开心的理由。第一是因为坐在我周围的同学都特别幽默。Q先生是我的同桌，他的眼睛很漂亮，长得也挺帅，我们班很多女生都喜欢他。有个帅哥坐在身边，确实会高兴的吧。说实话，我也喜欢他，但仅仅是喜欢他说话幽默风趣，我们聊天聊得很愉快。我们时常互相嘲讽，但这种"嘲讽"无伤大雅。我的斜前桌，也是个搞笑的男生。他是我们班公认的"普信男"。说到这里，你一定也笑了吧，生活中那些"普信男"往往也会给我们创造很多快乐。

第二是因为我的学习成绩在提升。在我不擅长的理科学习中，考试也取得了不错的成绩。

第三是因为发生了一些让人振奋的事情。比如，我们班排球比赛进了四强。

亲爱的乌云先生，这种平凡的生活好像也没有这么糟糕。可能很多人都觉得，十年如一日的校园生活很枯燥，但如果打破这个平衡，也许会让一些原本不算那么糟的事物变得糟糕起来。所以我很庆幸，也很珍惜眼下的生活，不再奢求更多了。

在班级演讲比赛中，我听到了男生们的梦想。真的不敢相信，男生们的梦想都很相似。他们希望每天都开心、过好每一天就足够。相比于女生，男生的梦想似乎也太没野心了。而我呢，学校生活指导处的大屏幕上一遍一遍播放着高中国际部应届生录取学校的简介，我站在屏幕前许久，看着那些世界排名前几的大学名称，脑子一片空白。一年前，我会思考自己想考的或能考上的某某高中，一年后，我居然不知何去何从。之前想一定要考上本市最好的高中，后来想想不可能，然后又换目标，依然是不久后就觉得不可能而放弃了。到现在，我已经好长一段时间不思考未来了，这种状态持续太久导致我现在没什么野心。妈妈好像很着急，但我现在的心态就是：随缘。

我也不知道这是怎么了，就是做什么事都没劲，什么事都想顺其自然。乌云先生，这到底是好是坏呢？

之前很多的执念都消散了，我该感到高兴才是啊。可是，这又让我感到焦虑。再一次，我重新思考未来。可与之前不同的是，我脑海中想到的都是我中考考得不好，然后没有考上好的高中、好的大学，也没有赚到很多钱。想到这里，我再也不敢继续往下想了。难过时，总是悲观地认为，这辈子一定不会再好了，后来才发现，难过会消失，"emo"只是暂时的，生活得继续，人生会变好。于是，我努力让自己不因为小事和别人争论、不频繁气恼。

天大地大，我开心最大。

我希望自己是一颗星星，可以闪闪发光，也能照亮别人，在别人需要安慰时送上温暖。如果我真那么美好，那我便不再惧怕黑暗，也不再恐慌未来。人生呢，又不是一定要考上名校，但是我依然想要这样，如果做不到，我无法保证自己会不会抑郁。但是，我开始存下一点希望。那些我向往的名校，既然有人考得上，也一定有人过着我所期待的生活。所以啊，不要放弃，不要再东想西想！一以贯之地努力，不懈怠的人生，日复一日地微小积累会决定最终的结果。你说是不是这样？

2022.5.28

晴天小·姐

男女之间有纯友谊吗?

男生和女生就这样因外界的流言蜚语而果断划清边界,
变得在日常交往中小心翼翼,
必须抑制真正想和对方成为朋友的期望。

乌云先生:

昨天我和饼干小姐在寝室,初一的学妹来问饼干小姐的微信。第二天,我们年级的一个同学来我们寝室找我要微信,她说是帮田园先生要的。其实,之前就有其他班女生来加我微信,问我和田园先生的事情,当时我是一脸蒙,完全不知道是什么情况。但他们班的女生最近一直频繁来找我,问一些比如"你觉得他好不好看"的问题。这让我很反感。

我和田园先生是在学生会认识的,平时在学校里遇到了就互相打个招呼,一个学期不超过三句话。

星期三晚上,那个女生又来找我,说田园先生从初一下学期就开始暗恋我,只是他隐藏得太好了,所以我才一直都不知道。

她还补充道，田园先生自尊心比较强。她走后，他们班另一个女生又来说了一遍意思差不多的话。其实，被人喜欢的感觉挺好的，至少我会认为自己有值得别人喜欢的闪光点。对于这份突如其来的感情，我不知所措。亲爱的乌云先生，我喜欢的人很多，很多人也喜欢我，但也仅限于朋友之间。我不明白为什么男女生之间的界限会被分得这么开。我喜欢一个男生，或许因为他幽默，或许因为他善良，也或许因为他优秀，为什么喜欢就一定是爱呢？

男女生之间真的会有纯友谊吗？这是之前在网上很火的话题。我身边的大多数朋友都认为异性之间没有纯友谊。异性之间到底有没有纯友谊可以用数学上的反证法来判断。也就是说，你必须知晓天下所有男女生的感情，证明它们都不纯，这个问题才可能成为真命题。在班里，不是所有男生都会以谈恋爱为前提和女同学交朋友，我同桌跟我聊天也不是因为喜欢我，我跟别的男生讲话也不是因为我喜欢他们。

男女生之间不是没有纯友谊，不过是某一对男女的友谊在某种条件下不合时宜地转变成了爱情。每次和朋友出去玩，走在街上，看着形形色色的人，我们都会不加深究地说他们就是情侣。如果一个女的和一个男的单独相处，似乎总是弥散着暧昧的空气，有活该被旁人臆测的原罪。如今，我总算明白了。不管是男生还是女生，或多或少都会被这些普遍的社会现象所影响，男女之间的普通交往就此被阻隔，以至于我们班的男生只和男生玩，女生只和女生玩，喜欢跟男生玩的女生，就会被其他女生说闲话。男生和女生就这样因外界的流言蜚语而果断划清边界，变得在日常交往中小心翼翼，必须抑制真正想和对方成为朋友的期望。

亲爱的乌云先生，对于田园先生的喜欢，我觉得没必要再多说什么，我现在无暇顾及恋爱，只想安安分分做好自己眼下的事情。但我还是想说，我想和谁做朋友，不是因为对方是男是女，而是因为对方很努力，喜欢看电影，喜欢听周杰伦的歌，会讲笑话，会耐心教我题目，有和我相似的审美和三观……

曾看过一段话，分享给你："如果你对我有信任，欢迎你把我当作纯粹的异性朋友，可以把异性去掉，我们就是纯粹的朋友，甚至可以把纯粹去掉，我们就是朋友。仅此而已。"最后希望你能交到自己想交的朋友，收获真诚的友谊。

2022.6.5

晴天小姐

天之骄子

> 我想要什么，并不是我要成为谁。
>
> 我要成为自己，我学着去构建自己完整而又独立的人格。

乌云先生：

　　最近过得好吗？期末考试终于考完了，刚回到家，洗了个澡，就坐下来打开久违的电脑给你写信。这段时间真的有点煎熬，无数校本我看了一遍又一遍，知识点复习了一遍又一遍，但是在考试前一晚，我对数学老师说："我最不担心的就是数学了，我总感觉每次都是靠运气，运气好了，就能超常发挥。"老师对我说："其实你还是不够自信。"是啊，我什么时候自信过呢？小学的时候有一次晨会，我作为全校唯一一个在"全国小古文编写大赛"中获奖的人站到了台上。我站在高处，能够看到整个操场站满了小学部和初中部的同学，我把奖状握得很紧，那一刻我感受到从未有过的优越感。我知道，那一瞬间，我自信极了。很多瞬间，我都感到自信，但仅仅是一种转瞬即逝的感觉。

到底什么样的人才是自信的呢？

乌云先生，我很喜欢假期，是因为我终于可以逃离学校，逃离复杂的人际关系。我可以一整天都待在卧室里，做自己喜欢的事或者什么都不干，我也不想出去玩，看到陌生人就会不自觉地想远离。我能注意到，每次和认识的同学打招呼，他们都会下意识地往下看，看我穿的什么鞋子。我好讨厌这样，可是有时我也会这么做。一次和隔壁班一个同学聊天，我们在说到一个同学时，她首先就跟我感叹他家多有钱，有几套房，开的什么车。前前后后聊了很久，但都没提到他的人品、性格、成绩。我在想，为什么呢？有一天中午午休，我跟饼干小姐说期末考试我好像没有多么紧张，饼干小姐说："我超级紧张，如果考不好，我妈就不会给我换手机了。"我知道饼干小姐前几个月刚换过华为的最新款折叠屏手机，而她现在又要换苹果14。我默默听着，不再说什么。

饼干小姐家境优越，她想买什么，爸妈都会同意。她成绩一般但现在很努力，我也很喜欢她。但骨子里的自卑让我高兴不起来。爸爸说我爱慕虚荣，总是跟别人比这比那。我也不想这样的，亲爱的乌云先生，每次看到喜欢的东西，我就真的很想买，但要不要跟妈妈说，我还是会犹豫很久。爸爸说我身在福中不知福，我知道自己跟那些大山里的孩子比已经幸运太多，我也知道爸爸妈妈赚钱很辛苦，我也知道我的欲望太多了，我不该奢求这么多的，但是我做不到无欲无求，我也做不到淡泊名利。真的，乌云先生，我真的真的做不到。我需要物质上的东西来弥补我的自卑，好像我拥有这些东西就可以拥有像他们一样的同款家境。但实际上，买了这些东西，我还是自卑。

很多人说我很优秀，但我并不这么认为。我觉得自己成绩不够好，长得不够漂亮，能力不够出众，看的书不够多……在与同学的交往中，我尽量做个大方、宽容、不斤斤计较的人，但其实我是一个特别特别好强、善妒的人。亲爱的乌云先生，说出这些让我觉得难堪，可能你也想不到我是这样一个人吧。

我并不能真正发自内心地为别人的进步而开心，我也会因为别人的进步而产生危机感。我嘴上说着"我不关心别人是否会超越我"，其实我心里紧张得要命。我明白自己已经得到了很多机会，但是我还是每次一有机会就去争取，我不甘落后。从小到大，我参加了各种各样的比赛，很开心取得了这么多的肯定。但这还不够，我还要继续走下去，继续赢下去。

我总是跟身边人比较。他们做不成的事，我偏偏要做成；他们做成的事，我就要比他们做得更好。我想要在各方面都比他们好。我希望比身边人更优秀一点、厉害一点。这样我就会更有底气，也会更加自信一点。我深知自己不够聪明，所以我比别人更加努力，带着我的不甘心、永不服输的倔强，一点一点慢慢地超越他们。

　　当然，我们更应该找到自己人生的核心意义——我想要什么，并不是我要成为谁。我要成为自己，我学着去构建自己完整而又独立的人格，也学着去真诚地赞美别人，然后踏踏实实地走自己选择的路。我一直在努力让自己变得自信一点，对我来说这很难，但是我不想做一个自卑的人，为了喜欢的人，更为了自己。

　　世界越来越美了，我独自一人，却很自在。我正对着阳光，身上暖暖的，我只想被阳光晒透，如此我便觉得自己是天之骄子。乌云先生，你说是不是这样？

2022.6.11

晴天小·姐

盛夏　十几岁　我们

夏天，有西瓜，有空调，有长长的假期，

没有分别，没有眼泪，没有惋惜，

真好。

乌云先生：

你好呀，已经临近期末，最近实在太忙了。但我还是想留出一些时间给你写信。

明天是 2022 年 6 月 17 日，是中考的日子，明年我也将踏上考场。回望过去的两年，我的变化实在太大了。有时候回忆起以前的事，就像是昨天刚发生一样。我突然有些心慌了，时间过得太快，而我什么都没做，什么也来不及做。只是觉得，很开心、快乐、充实且美好。这大概就是青春的模样吧。

亲爱的乌云先生，我真的好喜欢"青春"这个词。青春，是三年又三年，是盛夏，是校园，是一个又一个有趣的"新梗"，是聊不完的八卦，是现场"磕 cp"，是傍晚的夕阳，是艳阳高照下的体育课，是热烈勇敢，是暗恋，是喜欢……

还记得年少时的梦吗？

像朵永远不凋零的花。

几周前，看初三的毕业晚会。节目很精彩，气氛很到位。当时，我站在后台，就想着明年这时的我会是什么样的。会哭吗？会难过吗？会不舍吗？会遗憾吗？太多太多的问题一下子涌上来，有一种难以描述的感觉。

乌云先生，我们期待已久的盛夏终于来临了。夏天，有西瓜，有空调，有长长的假期，没有分别，没有眼泪，没有惋惜，真好。这个夏天，我一定好好珍惜，你也是。

我的青春是——早上被闹钟叫醒后赖床的痛苦；是每天不想晨跑的无奈；是抢着跑去食堂排队的焦急；是早读偶尔想要偷懒的放纵；是上课时班里总有人放屁的欢乐；是午睡做白日梦的甜蜜；是下午第一节课的昏昏欲睡；是下午跑操的不情愿；是晚饭后吹着晚风逛校园的浪漫；是晚自修讨论"学术问题"的胡闹；是电视课永远要聊天的顽皮；是一下课就飞奔回寝室洗漱的紧迫；是躺在床上思考未来的深沉；是期待新一天的欣喜；是一碗面条要加一大勺辣椒的习惯；是课间玩狼人杀、说"新梗"的乐趣；是拍照必用美颜的臭美；是遇到困难总想逃避的不堪；是做错事担心被老师责备的煎熬；是看见帅哥就想冲上去要微信的冲动；是经常遇事不如意产生的抑郁；是在悠闲的午后总想写点文章的诗意；是看见别人在舞台上熠熠发光的羡慕；是跑完800米说"我这辈子都不想再跑800"的食言；是考完试坚决不对答案的紧张；是一遍又一遍期待一个又一个假期到来的狂喜；是对一个又一个男生的心动；是总有聊不完八卦的闲情；是偷偷在寝室里吃泡面、吃烧烤、吃KFC的满足；是用相机记录生活点滴的心安；是一起分享零食的美好；是手挽手一起走的纯真；是课后听着音乐写作业的安静；是和你们在一起的时光……

生而普通人，但我的青春值得骄傲！

人呐，一辈子都在无限怀念过去，怀念那些忘不掉的日子。时间过去了，而我们还是我们。亲爱的乌云先生，我永远热爱我的青春，forever。

2022.6.16

晴天小姐

寒门再难出贵子?

你要相信命运给你一个比别人低的起点，
是希望你用一生去奋斗出一个绝地反击的故事。

乌云先生：

暑假已经过去了三天。昨天期末考试的成绩出了，其实我本没什么感觉，但一看朋友圈大家都在晒自己的成绩单，我的内心瞬间就不平衡了。

说实在的，这次考试并没有达到我的预期，甚至比预期差了很多。我擅长的科目语文也出现了史无前例的滑铁卢。而最让我感到不解的是那些个几分钟发一条朋友圈的却能考很好的成绩。

我的拓展班同桌南柯小姐就是一个很典型的"不怎么学却能考得很好"的人。她就是那种周末住在朋友圈的人。每次周末的拓展班课，她来得都比我早，在座位上补作业。她每次都跟我说，她周末作业一个字都没动，只能在拓展班课堂上来完成。两节课她都在写周末作业，准确地说是抄作业。周中的拓展班课她基本上也不听。我不知道她在自己的班里上课是不是也这样，但不可否认的是她这次考试考进了年级前五十。

反观我呢？周末作业高效且认真地完成，拓展班专心听讲，平时的校本也是尽全力做到最好，复习期间我把校本从头到尾地全部重做，复习卷不懂的也及时去问明白。周末也很少出去玩，我都用来学习了：看书、背单词、订正校本错题。可是老天爷好像看不到我的努力，我努力了一学期鲜有进步，更多的是原地踏步或者退步。我真的好气愤，为什么啊？我承认这个世界是有很多不公平，有人就是在学习上有天赋。我之前在学校的反思本上写：用勤奋弥补天赋。老师给我回复了一句：照目前来说，勤奋也超越不了天赋。我当时看到很生气，心想：老师这是在泼我冷水吧。但事实证明，他是对的。

亲爱的乌云先生，这些残酷的事实我都明白，我只是不想面对。老天爷是会偏心的：有的人出生就含着金钥匙，有的人却连饭都吃不饱；有的人朝九晚五上班，有的人向父母一伸手要的就是别人一年的工资。同在一个时代、一个地方，人与人之间的差距咋就这么大。一次我和闺蜜跟着他爸爸去吃饭，请吃饭的叔叔是动漫展的馆长，在临别之际，他提议让我跟闺蜜两个人一起画张画去参加某个国际动漫节的比赛，说争取给我们两人搞一个奖。而那个比赛恰好是我几年前参加过的，当时为了画参赛的画，寒假每天我都要去画室画到很晚，连续参加了两年也只拿了个铜奖。如今，他的一句话，让我不仅感受到人脉关系的力量，也觉得这对别人不够公平。但可能当时他也是随口一提，我和闺蜜只是笑笑都没有表示认同，这件事也就没了后续。

这个社会不公平的事太多了，在别人挑灯夜读奋战中考、高考的时候，有人混完高中就被父母花钱送到了国外，上的还是名校。还真是有钱能使鬼推磨。乌云先生，我们不能总生活在抱怨中。这个社会、这个世界上的大多数人都在因不公平而去争取最大限度的公平。寒门再难出贵子，但我们看看上一辈的成功人士，他们不都是靠着一双手、一种不放弃的精神创造出一番事业的吗？你可能会问我："时代不同了，老一辈的经验现在还能用吗？"我不得不承认，今时确实不同往日，但我想说的是，你需要比别人更加努力。我告诉自己：你要漂亮地完成那些别人花钱才能搞定的事情，别人靠父母靠钱靠家世靠关系，你就靠你自己，你要用自己的能力创造属于自己的辉煌和一片天地。

亲爱的乌云先生，最后我想说，我虽然不是出身寒门，但是我没有想着靠父母，我走到现在，全靠我自己。我的父母从没有为我动用过什么关系，也没有花钱让老师多关照我，如今的一切我接受得很坦然。你要相信命运给你一个比别人低的起点，是希望你用一生去奋斗出一个绝地反击的故事。我相信我的人生会过得很好，并不是有人会为我的人生做担保，仅仅是因为我心中的这一份信念。

人总要有个信念，你说是不是这样？

2022.7.3

晴天小·姐

离别总是突然的

最好的缘分，不是在人世间相遇，而是不在人潮中走丢。

最好的结局，是不忘记。

最好的祝福，是重逢后的情感如故。

乌云先生：

这周回学校上夏令营，第一天就听秋叶小姐说茅茅小姐辞职离开学校了。我真的好难过，脑海中所有关于茅茅小姐的记忆立马涌了上来。

乌云先生，在所有老师中我最最喜欢茅茅小姐，从初一第一眼见到她，我就喜欢她。慢慢接触一段时间后，我发现她实在太可爱了。她会和我们一起做室内操，会穿着皮鞋跟我们一起打排球，会在特别的节日自费给我们买装饰品装饰教室……她上课总是激情四射，我太喜欢她的课了，因为喜欢她，所以我爱上了社思，决定一定要把这门功课学好。初一的时候，我的历史很差，我每天晚二都会去办公室找茅茅小姐，她常常给我梳理知识点，讲到办公室里的老师都回家了，然后茅茅小姐便和我一起走回寝室。可是那次期末考试的结果不甚理想，我的社思成绩并不突出，我有点愧疚，后悔应该更加努力，我感觉很对不起茅茅小姐，她花费了这么多精力和时间在我身上，而我却不争气。

记得第一次和她谈心是在初一。那时的我太焦虑了，学习成绩一直提不上去。恰逢期中考试刚过，茅茅小姐让一些同学拿着试卷去找她，就在四楼的连廊，她帮我们分析试卷。我坐在茅茅小姐对面，她首先讲了一些试卷上的问题，而后我也向她分享了自己最近的心理状况以及遇到的问题，她都提出了建议。时间有些久远，我已经记不大清当时我们聊天的内容，早知道就应该记录下来的。

之后有好几次是和几个同学一同找茅茅小姐聊天。那时，大家都在人际关系中有些不知所措。最后一次谈心，是2022年4月16日晚二，教室里在放电影，茅茅小姐在隔壁班坐班，我就出来找她。"最近压力有点大，我害怕自己这次数学考试考不好，将来不能考上理想的高中，"我对茅茅小姐说，"我感觉我看不到我的未来……"茅茅小姐问我："你能接受预期的最差结果，也就是数学考差会导致的最差结果是什么？"我沉默了一会儿回答："期末总成绩下降。"她说："那就好了呀，就是一次数学考试而已，又不是中考。或许你也可以换条路走，出国或复读。"我接受不了复读，茅茅小姐说那就出国呗。我很想出国留学，但爸爸不同意，我也没办法。茅茅小姐问我有没有考虑别的学校，她说她可以帮我问问流星小姐。流星小姐是跟N先生同一个班的，长得漂亮，在网络平台上有很多粉丝，学习成绩也挺不错，她在××中学上学，那所高中也是我的理想学校。那晚聊完后，我期末考试的数学成绩考得特别好！不知道是因为听了茅茅小姐的话心态平衡了，还是自己的努力有了成效。

后来几次大考，我的社思成绩都在全班数一数二。在那之后的日子里，我和茅茅小姐的交流越来越少，除了上课回答问题，下课偶尔会问几道题，没有再找过她谈心。我们就好似渐渐淡出了各自的生活。只是今天在翻相册的时候，看见一张茅茅小姐短发时候的照片，这张照片也是初一的时候给茅茅小姐拍的。现在茅茅小姐的头发已经长长了许多，而我却没有照片可以留念了。

亲爱的乌云先生，本以为到初三结束都不会换老师了，但总是会有意外。离别也总是突然的，没有预告的，茅茅小姐就这样离开了。秋叶小姐说，她可能是回家乡，追寻自己的梦想去了。我一阵恍惚，茅茅小姐的梦想会是什么呢？我从来没有想过，她也从未提起过。我只清晰地记得，她在课上真诚地提醒那些不爱学习的男生不要只顾九年义务教育，只记得她一次又一次苦口婆心地劝告我们要好好学习。

有人说，离别也许就是永别。但是我不相信，世界这么大，我们总会再次相遇。如果能重来一次，我一定多找她聊聊天，多拍点照；如果有机会的话，一定要正式地请她吃一顿饭，好好看着对方的眼睛说再见。我们有微信，但我不知道该从何聊起。

或许，最好的缘分，不是在人世间相遇，而是不在人潮中走丢。最好的结局，是不忘记。最好的祝福，是重逢后的情感如故。亲爱的乌云先生，你说对不对？

2022.7.11

晴天小姐

预见未来

自己写脚本,自己拍摄取景。

我也不知道自己能不能做成功,但我愿意试试。

乌云先生:

最近过得怎么样?这几天都在学校上夏令营,天气实在太热了,听同学说今天得有四十度,真不敢相信,此前心心念念的暑假竟会如此难熬,尤其是睡完午觉从寝室回到教室,腿脚都没什么力气,没走几步,就大汗淋漓。

昨天是放假日,和爸爸去相机市场买了新的三脚架。挑了半天,爸爸居然给我买了最好的那个。买完后又逛了很久,一路上看见橱窗里各式各样、奇奇怪怪的相机,爸爸都会给我仔细介绍。我半蒙半懂地听着,心里仿佛有十万个为什么。

今天回学校,我把相机和三脚架都带来了。下午有拔河比赛,我决定用三脚架拍拍试试看。可谁知,在去操场的路上,我打开相机却怎么也对不了焦。我马上问管管先生该怎么弄，他研究半天，也弄不清楚。

管管先生也喜欢摄影，我以前相机出问题都是先去找他解决，解决不了再去找茅茅小姐。可是茅茅小姐已经辞职，我有点焦急。摆弄了一路，我放弃挣扎，无奈之下换了另一个长镜头。然后管管先生帮我把三脚架架好。刚调整好镜头，没拍几张就没电了。管管先生去参加拔河比赛了，我只能自己把镜头拆下又换上，又把三脚架重新放回包里。拔河比赛时间很短，相机拆装就要好久，况且还是第一次用，一个人真的好无助啊。跟我一起走的大饼小姐对我说，你下次还是别用这三脚架了。我听着有点不舒服，但也没想太多，慌忙收拾好，就去吃饭了。

乌云先生，今天真是糟糕极了。什么都没准备好，每次一到重要关头，总会出岔子，这次也不例外。我知道自己是个急性子，最讲究效率，稍有落后我便会很着急。

吃完晚饭，我先把相机拿到科学办公室充电，回到教室后又和管管先生聊了一会儿摄影，心情好了许多。晚一后，我去把电池拿了上来，恰逢晚霞，在教室里拍了几张，又迫不及待地到外面拍。学校的晚霞总是很美，五颜六色的，就像小时候记忆中的样子。看到天空的那一瞬间，回想到白天的不堪，也没觉得怎样。此时只想到生命中一些美好的东西，比如和志趣相投的人聊天，或者看见很美的天空。

在这平凡的日子里，无聊的学生时代，我决定做一些更加有意义的事情。这次拿相机来学校也是想做一个类似宣传片的视频，自己写脚本，自己拍摄取景。我也不知道自己能不能做成功，但我愿意试试，就当是锻炼自己了。虽然这听起来不可思议，有很多人不看好我，也有人觉得都初三了应该一心一意学习才对。对于这些，我不想解释。亲爱的乌云先生，我对自己是有规划的，无论学习或是生活。我的办事效率很高，同一时间内，我可以完成别人三倍多的学习量，多出来的时间我就给自己布置额外的学习任务。有时听到别人的议论声也会偶尔泄气，偶尔躺平，但一想到爸妈支持我，朋友们帮助我，我又有了继续向前的信心。

亲爱的乌云先生，你觉得我会成功吗？我想知道确切的答案，可是没有坚持到最后，谁也不清楚结果。有时候我多希望我有预见未来的能力，这样好像就可以少走一些弯路，但现实是残酷的。

最后，我仍是自我安慰，自我鼓励，相信自己一定可以。十年如一日地努力，大概也能预见未来了吧。你说对不对？

2022.7.13

晴天小·姐

有缘再见

这个梦就做到这里了，

我来暂时与他道别。

乌云先生：

昨天在抖音上和一位学姐聊天，我问她是不是上上届的毕业生，她说是的。我也不知怎地下意识想起了N先生，我便问他认不认识N先生。她说她认识，我又问她，他和他女朋友的感情还好吗，她说好像分手了。我心中一惊，我一直以为他们会谈到结婚。我退出对话框，切换到微信，去问了N先生的朋友，他说他确实分手了。那一瞬间的心情，有点复杂也有点激动。在我脑海中消失的那个人又重新闯入了我的世界。

本来都快忘记了啊。

回忆又涌上心头，我重新去翻我和N先生的聊天记录，找发在QQ空间的那篇长文。那时刚加上N先生，每次发一句话都要斟酌好久，删了又码，码了又删，每天都忍不住想和他聊天。去年暑假之后便没了联系，过了一年，他估计也忘了我吧。不可否认的是，他在那时给了我很大鼓励，遇到不开心的事情，看到他心情就会好很多。亲爱的乌云先生，我不知道那是一股什么力量，但我希望他永远在。他人真的很好，三观正，也很自律。他推荐我看一些书，也鼓励我坚持跑步。我听他的话照做了。他最后对我说：加油考到富中来，有缘再见。他是我成长的勇气，是我可以为之拼尽全力的人。我告诉自己要努力、勤恳、自律、坚强、勇敢、足智多谋，抓住每一个机会，用自己的双手，拼自己的未来。

后来我的生活再次恢复平常，那些信念也在时间的消磨下，渐渐淡忘。我觉得现在我可以说N先生是改变过我的人。生命的可爱就在于，你永远不知道在转哪个弯，碰到什么样的人，甚至拿起一本书，一看，就改变了一生。说起这个，我的语文开始慢慢变好，开始热爱写作，还是多亏了小学四年级的班主任，他当时让我们每天都做读书笔记，我都很认真地完成，看了很多喜欢的书和杂志，比如儿童文学和格言。里面有些文章，我至今仍记忆深刻。

一个人可以成为别人的光源，哪怕他自己并不知道，哪怕他自己的生活并没有光。乌云先生，我有很多话想和N先生说，又感觉没什么好说的。我不知道自己是怎么了，也不知是从何时起，我不再轻易对异性动心。等我心里不再住着一个谁，从此我便自在。

　　总之还是很感谢N先生，谢谢他出现在我的生命中，他是我生命中那么亮的一束光。但是呀，人还是要向前看的。这个梦就做到这里了，我来暂时与他道别。我相信终有一天，我们能再次相见。还是那句，有缘再见！

　　亲爱的乌云先生，你相信缘分吗？反正我期待着那一天的到来。

2022.7.24

晴天小姐

一辈子的朋友

他们带着我尝试了我从前不敢尝试的鬼屋，

不敢相信的是我坚持下来了，

我在面对恐惧的路上又进了一步。

乌云先生：

最近过得好吗？这几天过得比较颓废，感觉每天无所事事。每天早上七八点钟醒，在床上刷了会儿手机才起床。洗漱过后，又忍不住看手机。天哪，手机的诱惑好大。天天赖在家里，整个人都有点蔫掉的感觉，不是很有精神。

昨天和几个朋友一起去杭州乐园玩。我们一行六个人，都是同一个年级的，但不是同一个班的，有两个男生我还不认识，女生都挺熟的。进园之后，玩的第一个项目就是鬼屋。亲爱的乌云先生，这是我人生中第一次玩鬼屋，我真的超级超级害怕。我们排好队列，里面一片漆黑。刚走进去几步，我就直呼：我不想玩了。我紧紧拉住前面的人，眼睛紧紧闭着，听到"女鬼"的惨叫和机关发动的声音，我大气都不敢喘，只能跟着他们快速向前小跑。因为戴着帽子，而且帽檐压得很低，我偶尔睁开眼睛，也只能看见我的脚步。我真的太害怕了，以至于出鬼屋之后，腿脚发软，有些走不动路。之前和饼干小姐玩密室逃脱，我和饼干小姐都是全程抱紧，轮到单人人物都是让别的男生替我们去，所以每次玩都没有什么游戏体验感。

第二个项目，我们玩的是一个旋转的游戏。我玩完头很晕，很难受，缓了很久才好一些。中午随便吃了些，又去玩了一个恐怖马戏团，有点类似鬼屋，但是有剧情，而且时间更长。太煎熬了，我超级害怕。我们作为乘客上了一艘船，先是一群小丑在台上表演。具体在表演什么，我实在无暇顾及，躲在前面的人后面。小丑偶尔会下台和乘客互动，我真的被吓了一跳。然后有人领着我们继续向前，我脑袋很乱，只是跟着前面的人走。中间还有个人拿着电锯来追我们，那个电锯声音超大，还发出了很难闻的味道。我心中一万次渴望能快点结束。黑暗、未知、恐惧，乌云先生，有时候我不明白为什么有人胆子小有人胆子大。我希望自己是勇敢、胆子大的那一类人。这样的话，以后就不是我拉着别人，害怕别人放开我，而是别人紧紧拉着我，永远不会中途放开。

亲爱的乌云先生，昨天玩得很开心。我始终觉得人这一生应当认识很多人。我也想在有限的时间里结识更多有趣、不同的人，以此来充实我本就无聊的生活。他们带着我尝试了我从前不敢尝试的鬼屋，不敢相信的是我坚持下来了，我在面对恐惧的路上又进了一步。感谢我的朋友们，很幸运遇到他们。

老舍先生曾说过："一个人的生命，我以为，是一半儿活在朋友中的。"我觉得，隔一段时间就应该和朋友聚一次、约一次饭、逛一次街，聊些有的没的，真诚地分享自己的近况，也耐心倾听朋友的烦恼。

乌云先生，我们也会是一辈子的朋友，你说是吧！

2022.7.27

晴天小姐

我睡得很晚

每天找一件事做，沉浸其中，
把它当作必做的功课，原来的生活，
慢慢就会回来的。

乌云先生：

暑假已经过去了一半，这个暑假似乎比任何一个暑假都要快许多。一转眼，就到了八月。这两天，我竟破天荒地睡了午觉，而且一睡就睡了两小时。每天过着相似的生活，让我觉得无聊。

无聊时翻看了好几遍的朋友圈，又点击左下角的按键，盯着无人问津的聊天界面，想找个人聊天，却又担心无人可聊、无话可说，最终放弃寻找。打开QQ音乐自己的收藏夹，不厌其烦地听那几首歌。偶尔看几页书，然后又因总是神游方外，最终作罢。亲爱的乌云先生，我的心情好久都没有什么起伏了，这证明我不会被别人所影响了。我应该高兴啊，可是我怎么也高兴不起来。实在太平静了，这让我感到害怕。我特别想找回曾经那么努力上进，会因为听一首歌而流泪的自己。那个多愁善感的小女孩不见了。

此刻的世界几乎每天都发生着悲剧，今天是某个女孩猝死，明天是某个地方发生了泥石流，灾情严重……这个世界并不平静，我坐在电脑前，平静地看着这些新闻，仿佛都与我无关。乌云先生，很不想承认的是，我仿佛对任何事情都失去了兴趣。我努力调整生活，却总也跟不上时而迅速时而缓慢的生活节奏。我在这滚滚的社会洪流中显得很无力。曾经如此期待的生活状态也不过如此。

亲爱的乌云先生，我该怎么办呢？每天待在家里，没事时就"葛优躺"窝在沙发上，电视里播放着无意义的内容。吃点水果，喝点饮料，一天也就这么平静地过去了。我想这大概不能说是平静了，而是无指望的麻木。但也不能说是对生活失去了希望，希望还是有的，我还是在坚定地向前走。我告诉自己，要耐心冷静，尽管让坏事发生。老天让你经历的痛苦，告诉你的道理，肯定会在之后的某天用到。不要逃避，读书也好，与人交谈也罢，总之只要对将来有所帮助的事情，都可以尝试去做。即使蜻蜓点水般地做一点事，也未尝不可，但始终不能忘记自己的初衷和坚守。耐心和持久，胜过激烈和狂热，不管环境变换到什么程度，都不要被干扰到。

每天我无所事事，但我仍然睡得很晚，这就是我这半个暑假的日常。亲爱的乌云先生，虽然这几天有些懈怠，但马上我就会再次振作起来。每天找一件事做，沉浸其中，把它当作必做的功课，原来的生活，慢慢就会回来的。你说是不是这样？

2022.8.2

晴天小·姐

现在进行时

> 吃东西的时候，我就一心一意地吃；
> 睡觉的时候，我就双眼一闭什么都不想。

乌云先生：

最近过得好吗？天气有点热，但不影响我学习的热情。爸爸今天要带我去听一个关于营销的MBA课程。这个课的内容无关语数英科，这让我很兴奋。

一大早，我们就到了浙大某个校区。进入教室，很多叔叔阿姨已经坐下，有的互相聊天，有的安静地看着手中的资料。爸爸和我挑了个中间的位子坐下。我刚把准备好的笔记本和笔拿出来，王老师就站在讲台上了，他是此次课程的主讲。

我很喜欢课堂的氛围，王老师举了很多现实中的实例，方便大家理解。这对我这种一点都没有接触过营销的人来说十分友善。老师偶尔会讲几个笑话引得大家笑声不断。上午上三小时课，下午上三小时课，中间各一次休息。课间可以到外面吃点点心，也有咖啡和茶。课间休息时，我也会出来走动走动，舒展一下四肢，再吃点小蛋糕。每次都能看到一些叔叔阿姨在向王老师咨询着什么。片刻休息之后，回到课堂，我专心做笔记。两天时间我做了整整九页的笔记。我问自己值得吗？我想值得吧，每一件事都应该认真对待。既然来了，就要尽全力听懂。

几个叔叔阿姨看到我这么小就来听这个课，都有些惊讶。我就是来学习的，学习一些新的、不同的东西。知识改变命运，眼界改变格局。我觉得既然有这个资源，那我一定要好好利用，不能白白浪费。

亲爱的乌云先生，体验到不同于学校的课堂，让我有了些新的感悟。人生进度条在不断地向前，每天都有新的知识输入。在学校里是应试知识，在平常是关于人际交往。我越发觉得每天的时间只够做每天应该做的事情，把今日要做的事情做到百分之百的好就足矣。上课认认真真听讲，不开小差，作业独立完成，不偷懒抄袭，睡觉安安心心睡，不去想太遥远的事情。因为未来是未知的，它只会在日常的点点滴滴中慢慢清晰。我现在要做的就是好好学习，天天向上。每个年纪都有这个年纪该做的事。偶尔也会逞强看一些自己看不懂的书籍，以此来证明自己有多牛。哈哈哈，毕竟年轻嘛，也是会骄傲的。

生活是如此美好，我是多么热爱我的生活。简单又充实，做着自己喜欢的事，偶尔也会做自己不情愿的事情。如果每天都做自己喜欢的事情也会厌烦的，会觉得幸福来得太容易而不会去珍惜。所以这个暑假我最大的困扰就是每天都在做自己喜欢的事情，导致我现在居然有点不想再继续干了。反而希望生活中多些坎坷，因为这些坎坷能教会我很多，也能让我的生命在黯淡时同样散发光芒。

当我吃东西的时候，我就一心一意地吃；睡觉的时候，我就双眼一闭什么都不想；我此刻在写作，我就一门心思写到底。我既不活在过去，也不活在将来，我所拥有的仅仅是现在，我只对现在感兴趣。

乌云先生，我想说的是无论你此时在经历什么，请继续坚持下去。心中保持热爱，就会所向披靡；念念不忘，必有回响。真的，我会和你一起走下去的！

2022.8.2

晴天小姐

小说中人物的故事仍在继续，
我们的故事也是……

真正能让爱消失的，

从来不是分别，

而是遗忘。

乌云先生：

最近超级爱看小说，就是那种短短的，花十几分钟就能看完的文章。大家都知道我爱看总裁、大女主之类的漫画和爽文。几年来，我的口味一点都没变，对这种类型简直是百看不厌。

之前在学校里听他们讨论小说，不明白有什么好看的，如今自己体验到了，是真的无法自拔。最让我泪流不止的就是张嘉佳的《云边有个小卖部》。作者用简单质朴的文字讲述了一个普通人的一段人生。这本书我是从头到尾一气呵成看完的。主人翁刘十三从小父母离异，是由外婆王莺莺照顾长大的。后来刘十三去城里打拼，又因为失恋、失业而买醉时，这位彪悍的老太太开着拖拉机把他带回了家。故事讲到这里，我已经在心里"吐槽"了刘十三一万遍，怎么会有他这么失败的人啊？

直到某一天，外婆突然倒下，他才意识到外婆已身患癌症。我记得王莺莺对刘十三说："外婆真想好好活下去，真想永远陪着你，外婆在，你就有家。"后来外婆还是走了，留下了一段录音。书中还有一个重要人物是很小就查出患有癌症的程霜。四年级的暑假，她从医院逃出来，来到云边镇，遇到了刘十三。之后每次逃出来，她也总能遇到他。程霜对刘十三说："对，你很差劲，你一无是处，可我就是喜欢你，从小时候开始就喜欢你。"看到这里，我有点想哭。乌云先生，这就是爱吧，除此之外，别无他物。最后程霜依旧没有战胜病魔，也离开了。她写给刘十三最后的话："生命是有光的。在我熄灭以前，能够照亮你一点，就是我所能做的了。我爱你，你要记得我。"本书至此，全文终。我哭得稀里哗啦，心里说不出地难受。

人生除了生死与离别，还有四季与日夜，只要努力地好好活着，一切都会好起来。我们来过，总该留下一些什么。王莺莺留下了一段录音，程霜留下了一封信，刘十三的朋友智哥留下了一首歌《刘十三》。真正能让爱消失的，从来不是分别，而是遗忘。

亲爱的乌云先生，感觉每本小说里人物的故事还在继续，但作为读者的我们只能看到这了。我在别人的人生走了一遭，到头来发现只剩自己一个人，没有带来什么，也没有带去什么。你能懂这种莫名的空虚感和无力感吗？

　　我相信一本小说即使再无脑也有它想要传达的东西。小说的素材大多源于生活，经过加工形成了一个又一个跌宕起伏的故事。

　　乌云先生，我看完了一个个不属于自己的一生，也学到了很多新东西、新思想。现实生活中，大部分的人都在羡慕别人的生活有多好，却始终没办法让自己的生活好起来。我决定要成为自己生活的旁观者，就像我作为上帝视角在看小说中的人物一般，都说"当局者迷，旁观者清"。或许这样可以避免生活中的很多麻烦，你说是不是这样？

2022.8.3

晴天小姐

我的闺蜜

大家都说友情是阶段性的，到了分岔口，都会挥手告别。

可我仍然希望我和Grace小姐的友谊天长地久。

乌云先生：

前两天和我的闺蜜Grace小姐出去玩了。距离我们上次见面大概是一个月。因为Grace小姐要冲美院附中，所以这个暑假特别忙碌。我们好不容易约了双方都有空的时间一起出去玩。

Grace小姐是我的小学同学，我们真正成为闺蜜是在四年级的一次英语歌唱比赛上。后来我们上了不同的初中，但彼此的联系依旧不断。我们还是会一两个月见一次面。有时也会打语音电话，一打就打到半夜三更。我会分享我在学校里发生的趣事或是不开心的事情，她也会跟我讲她最近的烦恼。我们都是对方的心理导师。

亲爱的乌云先生，我身边的一些同学曾经在小学也有闺蜜，但上了初中之后，就都没有音讯了。我在思考这是为什么呢，我在初一的时候特别害怕失去朋友，所以我刻意去维护我和Grace小姐之间的关系。但慢慢地，我发现真正的友谊其实不需要特意去维护，因为我们在各自的心里都占据着重要的位置。她出去玩了，会记得给我买纪念品；我出去玩了，路过礼品店，也会想：这东西是不是她喜欢的。

就是这样，我们的友谊已持续了九年。

还有一个原因就是，我们不会频繁地聊天。因为我们知道，不管是和父母还是和朋友，都应该保持一点儿距离。每个人都希望拥有独属于自己的空间。就像在学校里与同学交往，每天都见面，总是会发生很多意想不到的事情。比如我和爱浮小姐之前同一个寝室，每天晚上都聊天，到最后没什么好聊的；再比如我和妮妮小姐，之前一起走，起初也是有聊不完的话题，到最后我们俩对对方都无话可说。经历了这么多朋友来来走走，当然这些朋友依旧在身边，只不过不能"和好如初"了。所以，乌云先生，请一定要切记，再亲密的两个人也是会腻烦的，为尽可能避免这类事情的发生，不如在最初的时候各自都保留一些空间。

一段友情的开始，是无目的、不攀附、没比较的，可是大多数人的友谊到最后都会变质。网上有人说，读书时的朋友才是真心的，到了社会上有的只是因为利益才结交的朋友。我觉得说得挺对。

亲爱的乌云先生，大家都说友情是阶段性的，到了分岔口，都会挥手告别。可我仍然希望我和Grace小姐的友谊天长地久。我们性格不同，在不同的学校，有不同的路要走。但正是因为如此，我更是觉得老天爷在帮我们俩，性格不同才会互补，在不同的学校才会有不一样的源源不断的话题，有着不同方向的未来才能够减少竞争。你说是不是这样？

你讨厌的人我绝不会跟他做朋友，你说别人坏话我也附和，你想去哪儿玩我一定陪你去。别问为什么，这就是女生之间的友谊，我希望我们的友情长存。在这漫长的人生中，有一个知己，知你冷暖，懂你悲欢，我便觉得此生无憾了。

乌云先生，真正的好朋友到底是怎么样的，需要具备哪些条件？我想来想去，无法给出一个对你有帮助的答案，因为我的答案就是：Grace小姐。亲爱的乌云先生，我相信你会遇到那个有缘人，并在某个夜晚，你们望着天上的月亮，说出那句"一辈子做朋友"的诺言。这一天不会太久的！

2022.8.4

晴天小姐

How to read books?

关于书籍的选择，
我认为应该选那些你要稍微踮起脚才能够到，
而且略微超出你的知识范围但你能理解的书。

乌云先生：

最近过得好吗？暑假的时间比较自由，所以空余时间就拿来看书了。乌云先生，我经常去书店，然后买一大堆书放在家里。我偶尔会选择一本书读，但如果要把整本书读完，往往需要花几个月甚至一个学期。

初一时，我每周会从家里拿一本书到学校里，每天晚上回到寝室里躺在床上，先看半小时的书。首先说明，我看的不是小说。这样的习惯我坚持了一个学期，确实收获了不少新的知识。

关于读书，第一点就是选择合适的书籍。我从书店买的一般都是历史、哲学类和比较实用的书籍。关于书籍的选择，我认为应该选那些你要稍微踮起脚才能够到，而且略微超出你的知识范围但你能理解的书。我前几天在看《达·芬奇传》，说实话我真看不懂。里面有很多人名，我根本记不住，讲的事件我也觉得很混乱。对于之前所看的内容，我无法清楚地复述出来，索性我直接不看了。我觉得既然决定要花这个时间读书，肯定是希望能从书中获取知识，而不是白白浪费时间。选书，不要选那种太通俗没有思维含量的，也不要选高出现有水平太多的。就像我们做数学题，不会一直都做最基础最简单的，思维上的训练需要多次克服一些难度才能提升境界，也不要一直停留在某一层打转，适时跳出"舒适圈"，会发现上面的风景更美。

第二点就是制订读书计划。亲爱的乌云先生，我必须承认手机对我的诱惑很大，有时候我脑子里想着一定要放下手机去看书，可每次都会一再拖延。所以请把你的读书计划写到一个固定的本子上，把要读多久的时间写在书名之后，完成了就打一个钩。我就是这样做的，从初一开始到现在初三，这个习惯一直保持着。我有一本很厚的本子，里面列的是我的日计划或周计划，几乎每天我都写了计划，并且我也按照计划去做了。效果真的很不错。

第三点就是要有一个适合读书的心境。我曾经有一段时间每每拿起一本书，没看几页，就没有耐心继续看下去了。如果手机在身边的话，没看几分钟就要拿手机看看有什么信息。相比在家里读书，我更喜欢在图书馆里和同学们一起读。在这里我通常会更加专注认真，也许是因为有一个良好的读书氛围。假如此刻你的心绪是杂乱的，就非常容易走神，而这种走神一般是不易察觉的，等你神游回来可能时间已经过了半小时。尤其是在读那种有故事性、知识延续性的书时，最忌讳走神。只要稍不注意，你就可能读不懂，心态上便会感到挫败。接下来引起的一系列反应，就形成了恶性循环。所以，亲爱的乌云先生，我建议你以后在读书时要先调整好自己的情绪，再找一个你认为有利于你读书的环境，然后坐下来安安静静地投入书海中。

当然，如果你不喜欢读书，也没有关系。读书只占生活很小的一部分，你也可以从其他途径来获取你需要的知识。阅读并不是一个"高大上"的东西，它像篮球、游泳、插花、画画一样，只是一个普通的爱好。你不用觉得爱读书的人就一定比爱打篮球的人优秀。

乌云先生，读书之外的时间我在干什么呢？慌忙地再挑一本书看？实际上，看完一本书，应当过一段时间再去重温一遍，把书本教给你的知识运用到生活中来。看看它究竟有没有在你的人生中发挥作用，是否真的对你有帮助。多留些时间去思考，而不是看完一本书就只是看完了一本书而已。我们追求的从来不是读书的数量，而是通过读书获得的知识储备。你说是不是这样？

2022.8.5

晴天小姐

知世故而存天真

与人打交道时请不要忘记，

我们身边的每一个人都是渴求认同的平凡人，

普天之下的每一颗心都会因一句赞美而欢愉。

乌云先生：

嗨，最近过得怎么样？今天很想跟你聊聊人情世故。

因为我的同桌Q先生多次提到"人情世故"这个词。有一次上心理课，老师让我们玩一个游戏，两两"pk"，我一直输，直到最后一局，我才好不容易赢了一次。Q先生就笑笑对我说："啊，人情世故。"还有一次班队课，炸鱼先生让我们在四人组内先两两"pk"玩五子棋。我还是一直输，到最后才赢了一局。这时候Q先生又说是因为"人情世故"。我感觉那段时间，"人情世故"都快变成他的口头禅了。

每到学期结束，我妈都要给老师送点小礼物；在和长辈吃饭时，座位是精心排过的；别人即使心里不会真心觉得你孩子有多好还是会一个劲儿地夸……这些大概都是人情世故吧。我曾经一度觉得人情世故是圆滑、虚假，但不可否认的是在必要时我也必须人情世故一下。其实，那些懂得人情世故并且能把人情世故处理得妥当的人才是聪明的人。

亲爱的乌云先生，我们总是很喜欢跟高情商的人交谈。不仅是因为聊天聊得舒服，更是因为让我们认为对方是重视自己的。这也是《人性的弱点》书中一直在强调的点：令他人感到重要。可是这点往往是最难做到的，因为人人都是自视清高的。每个人在心里都认为自己在某方面比你强。人们真正关心的只有自己，但人情世故则是让我们关心他人。我们如果无法避免人情世故，那我们就必须直面它。走进他人的内心，不动声色地让对方知道，你真心觉得他们很重要。

爱默生曾经说过："我遇见的每个人都必定在某一方面胜于我，因此我向所有人学习。"

之前和爸爸参加一个创投会，阿里巴巴的副总裁兼钉钉事业部总裁也来了。但他本人十分低调，也很平易近人。无论是因为人情世故还是因为他本身如此，都让我感到敬佩。也许这就是超出预期带来的反差感。毕竟一个人身处如此高位，内心难免会骄傲。但他给我们的感觉就是他是一个很普通的人。

亲爱的乌云先生，如果一个人能抛开人情世故，发自内心地赞美他人、替他人着想，那么这个人是善良、高尚的。同样，对待身边的同学、朋友、亲人，冷漠会引发双倍的难过，而真诚地赞美则会带来不止十倍的愉悦。与人打交道时请不要忘记，我们身边的每一个人都是渴求认同的平凡人，普天之下的每一颗心都会因一句赞美而欢愉。以前同学们经常说我说话太直，但现在我改变了。我常常赞美，把微笑"焊"在了嘴巴上，我跟同学们的关系又因此更近了一步。

有人说，知世故而不世故是最大的成熟。但如果我将这一切都不看作是人情世故，而是我应该做的，心里便会平衡许多。语文课上老师都在教我们为什么要为他人着想，但是现实中这太难实现了。不过我愿意一试，我想成为更好的人。所有力所能及的善行，所有充盈于心的善意，我将毫不吝啬地即刻倾予。乌云先生，你觉得呢？

2022.8.5

晴天小·姐

"万恶"的手机

我沉迷在手机带来的短暂快感之中，

日复一日，逐渐迷失了自我。

但我决定从今天开始，

放下手机，给自己设立一个容易完成的小目标。

乌云先生：

今天终于下了场雨。早上出门的时候，吹来的风都是滚烫的。这雨一下，空气湿润了，就感觉不到多热了。这场雨似乎也在提醒我暑假即将结束，秋天要来了。

乌云先生，我感觉自己这个暑假什么都没有干，除了每天给你写信。看剧、看书、刷抖音，都离不开"万恶"的手机。平时在学校里没有手机还好，一回到家里，手机就整天在身边。周末我便过着"手机不离身"的生活，到了暑假更是如此。我也看到有同学在朋友圈发的他们的屏幕使用时间，竟然长达十几个小时。我也默默打开了自己的屏幕使用时间，四五个小时，半斤八两吧。曾经我也想把手机给戒掉，但我还是抵抗不了手机的诱惑。

　　有时候我也觉得奇怪，明明没人找我聊天，我也没找别人聊天，怎么微信的使用时间是所有软件里最多的。真是百思不得其解，也许是我很希望有人找我聊天吧，于是一遍遍打开微信，查看有什么新消息。找到了诱发我沉迷手机的原因，于是我把所有的群聊都开了免打扰，在手机上也开了勿扰模式。关于抖音和微信的视频号，我的做法是在学期中卸载抖音和关闭视频号。这是一种效果不错的物理防范。

　　关于游戏，乌云先生，虽然我也下载游戏，但是我不经常玩，甚至可以说一年打开不了几次。我打游戏很菜，而且也没人和我一起玩，没什么游戏体验感以及成就感，渐渐地，我就觉得游戏无聊透了。但可能对于许多男生来说，游戏简直是他们的心头爱。无非是因为在游戏里"带妹"，能耍帅。一般男生打游戏的技巧和手法都比较厉害，通过打排位段位不断升级。游戏商家设计排位赛，便是想要让玩家匹配到合适的对手，适当地增加游戏难度，从而提高游戏的快感。在现实中无法完成的竞争，在网络上通过游戏的输赢来实现。如果一个足够自律的人打游戏，他不会上瘾，但大部分人都不能抵抗游戏的诱惑，所以自然而然地就上瘾了，这恰好达到了游戏商家的目的。

　　亲爱的乌云先生，我最近沉迷网络小说，甚至到了废寝忘食、挑灯夜读的程度。看完一篇继续看另一篇，手机总是有源源不断的小说推给我。天啊，真是让我又爱又恨的手机。如果没有手机的话,我觉得我的一天将会过得十分充实。做完了一件事情,我会立即找另外一件事情。累了,就看会儿书或者闭上眼睛躺一会儿,真美好!但我压根儿离不开手机!咋办?我在平板上下载了一个软件:番茄计时。在期中期末考试前的几个周末,我都会很自觉地打开这个软件。在每天早晨都列好今天要做的事情,设置好完成时间。一天下来,看看自己完成了多少,自律了多久,是一件特别有成就感的事情。但是要注意,一个人的专注时间有限,一次任务设定的时间不能太久,我的建议是25~60分钟。在进行计时的过程中,手机要处于锁定的状态或者把它放在一个你必须离开座位才能拿到的地方。完成一项,就奖励自己玩一会儿手机,时间不用太长,不超过10分钟。一旦到时间,必须放下手机。但这所有的一切,需要建立在持之以恒的基础上。只要坚持一段时间,自然会感受到自己的进步。

人到底为什么会沉迷手机呢?我觉得也许是在现实生活中感到无聊、空虚,所以用手机来打发时间。或者生活失去了目标,就容易变成这样。亲爱的乌云先生,归根到底,我可能是在逃避什么。我沉迷在手机带来的短暂快感之中,日复一日,逐渐也迷失了自我。但我决定从今天开始,放下手机,给自己设立一个微小且容易完成的小目标。调子起低一点,会更容易获得完成目标的满足感与自豪感,从而慢慢找到生活的意义。

亲爱的乌云先生,在这个互联网盛行的时代,手机确实给我们带来很多便利，但手机说到底只是一个通信工具，千万别让它成为阻碍我们前进的障碍。只有怀着强烈的自主意识，你的生活与命运才攥在自己手中。你说对不对？

2022.8.6

晴天小·姐

你可以，你一定行

我经常后悔为什么当时不勇敢一点。

或许当时再大胆一点点，

结果就会有所不同。

乌云先生：

好久不见。最近经常刷到密室逃脱的视频，比如抖音上的"有趣体验官"。

我和饼干小姐等同学也去过两次密室。第一次玩密室逃脱的时候，我害怕得要死。当我们戴上眼罩排队进去的时候，我的心就怦怦跳。摘下眼罩一看，四周全黑了。突然就打雷了，一个戴着面具的老头从窗户探出头来说话。我当时在想，这个面具怎么这么恐怖。不过还好，其中一个男生胆子超级大，他一直在跟NPC聊天，偶尔我们也被逗笑，气氛没有刚进来时那么紧张了。

后来我们被分成两队，那个胆子大的男生和猴子先生跟我在一队，中途的时候，胆大的男生被叫出去做单人任务了。当时房间里只剩下我和猴子先生，我看出来猴子先生的胆子似乎比我还小。对讲机里说让我们去把窗户上的木棍拿下来，猴子先生磨磨蹭蹭半天不敢上前，试探性地抽了下木棍，没拿下来。于是我出马了，用力上下挪动，木棍就被我拿下来了。我们从窗户爬出去后，与饼干小姐那一队汇合。因为我和饼干小姐都很害怕，所以我们俩在开始选择人物时，就选了没有单人任务的。到了密室的尾声，我们在一个房间里玩击鼓传花。周围依然是全黑的，前几下还能拿到鼓，过了一会儿，也不知怎地，鼓掉到了地上。后来玩完密室出来，有个同学说，击鼓传花环节我们都拿着他的手在传。

密室接近尾声，本来好像是其中一队可以躲避以免被NPC吓，但是由于我和饼干小姐不在一队，所以最后决定我和饼干小姐两个人离开房间，跟着NPC跑到另一个房间。可谁知去的房间也不安全，可以说是太吓人。NPC一直在撞我们的门，我和饼干小姐用尽全力抵住门，但还是会被他撞出缝隙。我能感觉他好像拿着斧头什么的在划门，而且持续的时间很长。那时候我真感觉我的精神要崩溃了。终于结束后，我发现我全身都是汗，超级多汗。

第二次玩密室没有感觉很吓人，是因为我和饼干小姐被保护得很好。这次参与的人更多，我们俩基本上只要跟着大家走就行。本来也是有单人任务的，但都是别人帮我们做的，只能说全程毫无体验感。

乌云先生，我以为多玩玩就不那么害怕了。但是事实告诉我，这是不对的！我在想为啥现在密室逃脱这么流行，我觉得可能是因为现在的年轻人都追求刺激。我们身边总有这样一些人，喜欢做极限运动，这个月去冲浪，下个月去跳伞。他们在vlog里开怀大笑，即使他们的牙并没有很整齐，皮肤也算不上白皙。镜头前的他们，自信大胆，活泼跳脱，富有激情。我做不到，我不够自信，站在镜头前我就会很不自然。而爱浮小姐是那种天生的戏精，面对镜头毫不畏惧。我好羡慕，我一度认为自己只适合做幕后工作。

还有一些人，他们胆小没有主见，人云亦云。学生时代，便很少参加集体活动，尽量把自己的存在感降到最低。进入社会，被别人欺负，也只能默默忍受，即使自己是对的或是根本没有招惹对方，但他们的害怕占了上风，以致最终也没有拿起法律的武器保护自己。我看过电视剧《女心理师》，里面有个叫小莫的角色。他是公司的一位老职员，但性格非常软，不懂得拒绝别人，也就是我们所说的讨好型人格。正因如此，同事们就总是把脏活累活丢给他。事实证明，人不能太老实，容易吃哑巴亏。

胆小的人一般都是敏感的、容易紧张的；内心戏丰富，犹豫纠结；害怕别人看不起自己，比较自卑；怕麻烦别人；觉得自己不够好，自我厌恶。亲爱的乌云先生，这么一总结，我居然占了大部分。但是这些年我一直在摸索要怎么样才能变得自信、大胆且勇敢。

首先我认为要寻找锻炼机会，抓住每一次可以亮相的机会。踏出第一步总是最难的，但要告诉自己，不要着急，不可能一次就做好。有时我也会打退堂鼓，想要退缩，但在这时更要不断地提醒自己：你可以，你一定行。真的，我经常后悔为什么当时不勇敢一点。或许当时再大胆一点点，结果就会有所不同。所以为了未来不后悔，我会尽我所能抓紧任何一次机会。

小学时参加演讲比赛，上台前我很紧张，我害怕说错词闹笑话。于是同学安慰我说："你就把台下的观众当作一堆萝卜。"我是真没法把活生生的人当作萝卜，所以我依然很紧张。我总是在担心别人如何看我，会如何评价我。我反反复复地预设别人的想法，所有可能的bad ending在我上台之前都想一遍，没想到压垮我的最后一根稻草竟是我自己。亲爱的乌云先生，我完全没想到自己会这么在意别人的看法，因为我在安慰别人时总说："不要在意他人的看法，做你自己就好。"真正是：说得很好，做得很烂。在那些自我否定的日子里，在我最难熬的时光，神明给我留下的星光是如此黯淡，只能把希望寄托在他人身上，渴望在深渊的尽头有人能向我伸出一双手，用力地拉我一把。可是，我们的人生终究是要靠自己拯救自己的。

很多时候，我们以为别人是会帮助我们的，我们以为在别人心中是有分量的，我们以为别人是喜欢自己的，但我们以为的以为不过是自欺欺人的表现罢了。永远不要高估你在别人心目中的重要性，没有人会一直注意你，除了你的父母。乌云先生，别在意别人的眼光，他们只会影响你"出剑"的速度。请清理干净脑中的一切顾虑，勇往直前冲就完事儿了。相信自己，我们可以，我们一定行。

最后我想说的是，再胆小的人，也有勇敢的时候。每个人都会成长，都会改变。亲爱的乌云先生，我祝你变成一个内心强大、自信阳光、勇敢无畏、不被定义的大男孩！

2022.8.7

晴天小姐

请尽情享受生活

为了改善这种情况，

我将自己的注意力聚焦于一个最迫切希望得到实现的想法上，

然后便一直只专注于这件事直至完成。

乌云先生：

你好呀。因为是暑假，所以大家的日常都是在家或者出去玩。作为一个"宅女"，我大部分时间都是待在家里的，原因有二。一是外面太热，疫情严重；二是出门要打扮，我懒。每天都能在朋友圈里刷到同学、朋友出去"嗨皮"拍的美照，看着他们满满当当的九宫格，我有一瞬间怀疑自己是不是不够享受生活。

乌云先生，我总觉得享受生活这个词只适用于有钱人家，因为他们有这个闲钱可以和小姐妹出去喝喝下午茶什么的。我的爸爸妈妈因为太节省，好像不那么在意生活质量，连带着我也无所谓了。但后来我慢慢发现，在家里的时候也可以做到享受生活。听听歌，看看"跑男"，也挺好。原来不是只有有钱人才可以享受生活，普通人也可以。相反，我认为普通人享受生活的方式更加高级，抛开物质，普通人享受的是精神上的满足。

　　有时候我希望自己能够无欲无求，但这是绝对不可能做到的。于是我转换了我的思想，那就——想要的都得到，得不到的都释怀。但凡是能争取的机会，都尽全力；如若能被别人喜欢，我都心存感激。一切的一切，都是我应得的，只需勇敢地去接纳就行。塞翁失马，焉知非福。与其害怕失去，不如好好珍惜手中还握着的，细想该如何发挥其价值。乌云先生，以前的我太害怕失去，以至于曾一度怀疑自己患上了被害妄想症。

　　停止胡思乱想，做一个快乐的人。这也是我最近看的一本书的书名，这本书主要讲的是如何反焦虑，彻底扭转负面心理模式，重获淡定人生。我的焦虑来自想要干很多事情却没有那么多精力来完成。具体表现为我每天脑子里都会有不同的新想法冒出来，并且越来越多，而我已无力实现。这令我时常感到无奈与悲哀。为了改善这种情况，我将自己的注意力聚焦于一个最迫切希望得到实现的想法上，然后便一直只专注于这件事直至完成。在我愤怒时，也常会陷入一场本该过去的谈话的想象中，并在想象中殚精竭虑地设计自己要说的每个字。也许这就是大家在说的"精神内耗"吧，这种精神斗争虽然能缓解我的愤怒，但确确实实是毫无收获的。书中教我必须转变想法，让自己的大脑漫步到不同的观点上。可以通过运动、浏览网页、向朋友倾诉等方式来舒缓情绪。待情绪稳定后，再把自己放在引起你愤怒的人或事的角度看待变化了的情势。我想，做一个容易快乐的人，就已经在享受生活的路上了。

亲爱的乌云先生，我还想说的是，人生需要知足常乐，不陷入世俗的竞争中，不过分攀比，不小心眼，不斤斤计较。让我们铭记那些明媚的阳光、飘走的乌云、湛蓝的天空；记住那些给予你肯定、真诚赞美你的人。人生会有很多遗憾，总回忆过去，会阻碍你前进的步伐。

所以，乌云先生，请尽情享受当下的生活吧！

2022.8.7

晴天小姐

我竟是小丑？

我们还是应该发自内心地幽默，
不仅是为了取悦他人，
更是为了取悦自己。

乌云先生：

你知道我最喜欢的就是和幽默的人相处，跟他们在一起，每时每刻都能感受到开心。而我自己是一个不太幽默的人，我真的很想做一个幽默的人。

曼肥先生是我们班公认的搞笑大王。他总能在不经意间一句话把全班同学逗得捧腹大笑，有时他的行为也与众不同。包括老师在内大家都很喜欢他，每次有表演，我们全班都推荐他上。

乌云先生，都说"好看的皮囊千篇一律，有趣的灵魂万里挑一"。在平时与同学的相处中，我更容易讲出一些能让同学大笑的话，但在陌生人或不太熟的人面前，我则表现得很拘束、不自在。我接触网络，有一个很重要的原因就是网络上总有源源不断的"梗"出现。比如"谐音梗",是最近较为流行的。为了在跟同学的聊天中更有话题和让聊天更有趣,我会看一些有趣的视频,并把情节记下来回学校跟他们分享。想要变幽默,其实不需要刻意,也不需要专门去上这类课。幽默存在于生活的角角落落,只要你用心生活、细心观察就能注意到。

今天我问了曼肥先生,他是如何做到如此幽默的。他的回答让我大吃一惊,他说:"取悦别人不一定能让自己开心。"我刚想安慰他一下,结果他又说:"但是看到别人笑得像个疯子一样,我就很爽。"好吧,来了个大反转。我继续追问,他这才认真想了想,回复我说:"主要是因为社交吧。"我愣了一下,回过神来,想想自己为什么要紧跟潮流,不断地寻找新"梗",不也是因为社交吗?我突然感到一阵悲哀。亲爱的乌云先生,是啊,人是社会动物。我们每天都离不开社交,在家里与父母的关系,在学校与同学、老师的关系,到社会上更是数不清的社会关系需要我们处理。

这样说来,幽默竟也成了一个为了社交的功利性工具。我觉得我们还是应该发自内心地幽默,不仅是为了取悦他人,更是为了取悦自己。如果实在幽默不了,那也无伤大雅,恰到好处的幽默才会让人快乐。千万不要急着表现自己,最后却闹成"自己竟是小丑"的地步。我们仍然可以从别人身上感受幽默,幽默虽然不是出自自己,让自己开心却是真的。

　　乌云先生，希望我们都是拥有有趣灵魂的人，无聊的生活将因为你我而变得多姿多彩！

2022.8.8

晴天小·姐

一种能抵抗千军万马的神奇力量

我们会产生依赖心理，

并不是代表有多爱对方，

而是因为我们太不爱自己了。

乌云先生：

立秋快乐！我以为夏天很长很长，可转眼就立秋了。虽然还是夏天的样子，叶子已经鲜为人知地掉落。

一提到"网友"，你会想到什么？我猜大多数人在第一时间都会想到"网恋"。但今天我不和你聊网恋，因为我也没有经历过。

实不相瞒，我有一个聊了两三年的网友，暂且唤他为勿扰先生吧。我是在一个群聊里加上的勿扰先生，他是那个群的群主。当时，我是小升初，他是中考。我们各自结束了考试之后，会经常在群里聊天。后来群里基本没人聊天了，我和他就改为私聊。我记不清那时我和他都聊了什么，但是我一有空就会给他发消息。之后他上了高一，我上了初一。在学期中，我们基本不怎么聊天，放长假偶尔会闲聊几句。这样的状态持续到现在。也许是我的倾诉欲比较强，所以一般都是我开启话题。我会跟他讲我在学校里发生的不开心的事情，他会安慰我，也会教我如何处理问题。我刷到有趣的视频会分享给他，跟他讲一些有趣的事，他有时不回我，我也默契地不去追问。

现在他高三了，我也初三了。他没有太多时间看手机，我也学着不给他发消息，不打扰他。可我还是时不时地想给他发消息，我这才发现，我对他已经产生了依赖心理。我太希望有一个人能倾听我的话了。

依赖心理是如何产生的呢？我想原因有二。一是因为频繁地聊天，形成了习惯；二是因为我在与勿扰先生的对话中感受到了支持和赞美。还好，我的依赖心理不是很强，并没有觉得没了他就活不下去，只是暂时少了一个可以分享生活的人罢了。在感情中，我们会产生依赖心理，并不是代表有多爱对方，而是因为我们太不爱自己了。这导致我们依赖他人，渴望依靠他人的力量生活下去。但我想说的是，就算在一段亲密关系中，也没有人能够永远无条件地满足你的依赖需求。亲爱的乌云先生，我们终其一生，最后剩下的也不过是自己，没有人能永远陪着我们，我们总有一天需要独当一面。

我如今已经慢慢学会了控制自己的情绪，控制自己的倾诉欲。很多时候我会把看过的好看的视频、电视剧，听过的好听的歌曲分享给自己。于是在微信的首页，自己的微信头像永远占了前排。有时我也在想，为什么一个连面都没见过，也不知道名字的陌生人会愿意听我的牢骚，我想大概是出于关爱，因为这并不是义务。我和勿扰先生的谈话很简单朴素，我们都没有问过对方更加私密的问题，这也是网络交友的谨慎之处。

乌云先生，为了解除依赖心理，我必须学会爱自己。当我感觉到自己是可爱的时候，别人的认可和注意就不再是必需的了。我们应该把目光更多地放在自己身上，努力挖掘自己的闪光点。低谷时期不要过多地想着自己的不是，也不要寄望于别人来救你，把一切可能的希望寄托在自己身上，让自己站起来，才有机会站在更高处。

人都是不完美的，这个社会也是不完美的。所以在人与人的交往中，失望、难过、无奈都是正常的情绪反应。那些随叫随到、把你宠上天的人，只出现在小说中。亲爱的乌云先生，我清楚地知道，只有我能给自己提供能量，而这种真正来自自我的能量，是一种能抵抗千军万马的神奇力量。你说是不是这样？

2022.8.8

晴天小姐

致我们终将逝去的青春

三年前照的照片，

我在每个深夜还是会习惯性地翻看一番，

回忆照片背后的故事，

毕竟所有的怀念都源于世事更迭的不再拥有。

乌云先生：

时间过得太快，我已经初三了。回忆过去的两年，满是惊喜与感动。

那年九月，怀着期待、喜悦的心情，我踏上了我人生征途的新阶段——初中。第一次进校园是分班考试，我惊叹着校园的美丽与宽广。记得那时我还说，没准会迷路。现在，就是让我蒙着眼睛也能绕着学校走一圈。我曾在脑海中幻想过无数次的初中生活，该是多么自由自在。事实上，恰恰相反，初中有更多的校纪校规，比如不能公开早恋。我还记得我们一群女生找了张纸，纸的最上方大大地写着"不交男朋友，坚决不早恋"几个字，纸的右下方是我们这群女生的签名。当然，也有没签的。不过后来，还是有人食言了，那张纸啊，估计早就不知道飞哪儿去了。

好景不长，我跟我的好朋友闹矛盾了。第一次经历友谊危机，我真的好害怕，不知道该如何解决。现在看来，那时候傻得要命，因为我的朋友们都不是记仇和斤斤计较的人。我好幸运，遇到了她们。初中的人际关系确实挺难处理，女生之间时不时地就会吵架。我记得闹得最严重的一次，班级里还出现了"门派"，但最后大家还是不计前嫌地和好了。人生真是好不奇妙。那时的我，是这么想的。

每次年级里有活动或是比赛，女生们都很积极地参加，而男生却扭扭捏捏，让我们看了都想"手撕"他们。我记得在进行男生篮球比赛时，我们女生全员到现场喊加油。比赛结束，我的喉咙就哑了，班主任给我们发了难吃到吐的金嗓子糖。到了女生排球比赛，因为时间定在了午休时间，男生们都不愿意来，一部分男生抵抗不了困意，仍去睡午觉了。为此，我们女生还开小会"批斗"那几个男生，说他们不团结。

男女生之间确实像隔着一层纱，大家各玩各的，日子也就这么过去了。整个初中生涯，最满意的还是每次排的座位和寝室。同桌很幽默，我们经常互相嘲讽，但很奇怪从来没觉得有什么愤怒、难过，都只当个玩笑就过去了。我们也惊奇地发现，女生基本上都曾喜欢过班里的某某男生，但在一周后，又都不喜欢了。后来，大家又都在说那个我们曾经喜欢的男生丑。为啥呢？我至今还是没想明白，明明他挺帅的啊。算了，都说青春无解，无解就无解吧。

第一次运动会，全班都不怎么主动，毫无疑问，我们班排名倒数。但第二年，也不知是良心发现了还是其他什么原因，我们逆袭成功，拿了第四名！咸鱼翻身成功，其中定少不了每一位同学和老师的付出。这是一次飞跃式的进步，背后是无数次的反复练习。这也是我第一次感受到我们班的团结之心是如此强烈。后来我翻着QQ空间，看到那张808班运动会的大合照，许久才挤出一句：真好，我真幸运。心里暖暖的，眼眶也湿了。

不说这个了，太伤感。说点开心的，那肯定是校园四季的美景了。春夏秋冬，除了秋天时寝室里总出现臭屁虫，其他都挺好。七月的天色，哪怕黄昏都是清透的，翠蓝泛起粉紫色的幻彩，空气平滑地进入胸腔，呼吸之间都带着天空的余味。小说中的青春总是少不了漫画云，我的青春也不例外。晚饭后，总会绕远路经过小桥流水，望着远处已西斜的太阳，它温柔的余光洒在湖面，波光粼粼，犹如仙境。晚自修，旁边的同学轻声叫我名字，眼睛瞟向窗外，我就猜肯定是想让我看教室外的晚霞。果不其然，再次抬头时，最后一抹亮光刚好消失得无影无踪。我也不觉得惋惜，心想明天肯定还有。可谁知，老天爷偏偏就不合我们意，第二天就下了场大雨，晚霞自然是没有了。那时的我们才意识到，原来这就是"失去了才懂得珍惜"。人生啊，有些事你留也留不住，失去了就是失去了。遗憾吧？遗憾。

后悔吧？后悔。但那又能怎么办呢，我的青春还得继续呀。

　　每天早上被那小破夜灯兼闹钟叫醒，按了又继续睡会儿才起床。洗漱，搞卫生，出门，跑操，吃早饭，上早读，上课，吃午饭，午休，上课，跑操，自由活动，吃完饭，晚读，晚自修，洗漱睡觉。每天都不断地循环着这样已经被设定好的程序，但问起来，每个人理解的青春又是不一样的。

　　我知道自己太普通了，所以我时而自信，时而自卑；我知道月光不会为我停留，夏风永远短暂，可我仍会为了那零星的美好奋力奔跑；我知道时间过得太快了，一转眼就到了属于我们的毕业晚会，我们相拥在一起很久，哭着说再见，可我还会想念初一刚进来时大家青涩地做着自我介绍的模样。三年前照的照片，我在每个深夜还是会习惯性地翻看一番，回忆照片背后的故事，毕竟所有的怀念都源于世事更迭的不再拥有。我所能做的就是紧紧抓住我现在手中所剩的青春。

　　亲爱的乌云先生，我们总爱谈论青春，谈论未来。我们不自觉地望向远方，对彼岸那头的风景无限憧憬。"谁的青春不青春"呢？致我们终将逝去的青春，青春万岁！

2022.8.9

晴天小·姐

做一条低物欲的咸鱼

真正的快乐来自丰盈的内心世界，
生命很漫长，我们不能总沉浸在物质中。

乌云先生：

最近过得怎么样？跟你分享一下我的生活近况。每天早上八九点起床，磨蹭磨蹭十一二点出门，找个地方便开始写作，写累了就刷会儿手机，偶尔也看看书。回到家先看一集"跑男"，有时忍不住还会再看一集。平平淡淡的生活，经不起多少波澜。每天花钱的地方也很少，现在刷淘宝看见喜欢的东西想买的欲望也大大减小了。

今天去超市，我在挑泡椒凤爪时，发现货物柜上有两种不同品牌的凤爪，我这次挑选了包装不怎么好看但价格相对便宜的那种。我想，反正撕开包装就倒进碗里，都能满足口腹之欲。以前的我，对钱没什么概念，总觉得价格贵的肯定比便宜的更好，所以每次选择商品，我自动形成了买贵的习惯。但当我发现，其实贵的和便宜的差不多的时候，我开始意识到应该学会省钱了。

其实，在学校的寝室里，我桌面的东西是我们班女生里最少的，除了戴"OK镜"必需的镜子、眼药水、护理液和一个放口罩的小篮筐，真的什么都没有了。我也很少吃零食，可能这也是我体重没有增加的原因。饼干小姐跟我一个寝室，她的东西是我们班女生里最多的。桌面永远乱乱的，怎么收拾看起来都很满。夏令营结束的前一天，我们都在教室里整理东西、打扫卫生，饼干小姐的座位旁出现了三个黑色的超大垃圾袋。我哭笑不得，问她这里面都是什么。她瘫坐在座位上，说是之前几个学期没扔掉的东西。

亲爱的乌云先生，有一天晚上，我和饼干小姐躺在床上聊天，不知怎地就聊到了虚荣心。她说，她没办法停止攀比，买鞋必须买耐克之类的。是的，我承认，我也是。也许每个人都有一段沉迷于和他人攀比的混沌期，那时的我们心智还不够成熟，总是容易被外界的环境所影响。妮妮小姐曾经也沉迷于买鞋，但如今她也对鞋子没了兴趣，她说知足常乐。班里的同学家境都算得上富裕，男生之间还好，但女生之间都进行着无声的攀比。我曾经也一度陷入这场无止境的攀比中，很焦虑，很想从中脱离。当我把专注力从攀比移到学习中，这种焦虑便消失了，转而替代它的是学习焦虑。

　　乌云先生，虚荣心是填不满的，消费主义的危害只增不减。挣脱了对名牌的执念后，我才真正觉得快乐，穿衣穿鞋，最重要的是舒适，而不是为了让别人看到衣服鞋子上的LOGO而心生羡慕。当然，每个人都有追求美的自由，但这前提是我有能力承担得起美的背后需要支付的高额代价。我这样一个初中生肯定是负担不起的，而乱花父母的钱更让我感到不安与愧疚。我暗下决心，以后自己一定要赚很多很多的钱。

　　我妈跟我说，上次我和闺蜜吃饭花了八九百。每次我和闺蜜吃饭，都是她妈妈和我妈妈轮流买单。这让我知道了社交是需要用金钱来支持的，而这费用又是一大笔！有一次我和几个朋友出去玩，回来之后，有个人在群里说他花了五百多，于是我们也纷纷查看了自己的账单。还好，我只花了七十多，也不知道他们为什么都是两三百甚至更多。乌云先生，我如今越来越喜欢自己一个人出去玩或是和父母一起，游玩的成本低，却能收获不止双倍的快乐。多花点时间陪父母，远比和那些所谓"朋友"玩来得更有意义和价值。朋友越多，就意味着人情越多。我现在真是太讨厌"交际花"这种称谓了，以前还傻傻觉得这类人很牛，现在我为其感到惋惜。所以尽量缩小自己的关系网，只留二三知己常联系、约饭足矣。

　　在日常开支上，我必须要向我的爸妈学习。他们的原则就是：只买需要的东西，只买实用的；一个东西用到实在不能再用才买新的。之前有一段时间，盲盒十分流行。每次逛商场我都会买几个。直到现在才意识到我根本不喜欢盲盒，我也只是为迎合潮流才买的，买完后也不知道丢到哪里去了。但如果有人是抱着收藏的心态去买盲盒，那自当别论。亲爱的乌云先生，我想说的是，没用的东西放在家里不仅浪费钱还占空间，买东西还是要列购物清单，按照清单购买，以防止当自己看到超市里琳琅满目的物品会冲动消费。

我一直觉得是自己的精神太过贫乏，才会如此渴望在物质上得到满足。事实证明，确实如此。我也终于明白为什么在语文课堂上我无法理解陶渊明等诗人愿意隐居山中，喜欢不问世事的悠闲自在。不过如今我也终于体会到平淡生活的乐趣，我渐渐对商场失去了兴趣，开始更加向往大自然了。我不断地看书学习写作，在知识中徜徉，每天的精神食粮很充足，内心也一直保持着充实感。

亲爱的乌云先生，真正的快乐来自丰盈的内心世界，生命很漫长，我们不能总沉浸在物质中。我希望我们俩都能在这个充满物质的世界里做两条低物欲的咸鱼，这样也挺不错的，你说是不是？

2022.8.9

晴天小姐

你是一个自律的人吗？

真正的自律从来不是艰难的、反人类的，
而是会让你的生活在井井有条的基础上锦上添花。

乌云先生：

这几天我一直在坚持给你写信，虽然你一封都没有给我回过。

在这个暑假开始前，我便有了自己的美白计划，我在网上看了很多美白攻略，也买了很多美白产品。到现在一个多月已经过去，说实话我也不知道自己有没有变白。女生嘛，为了美总是心甘情愿地付出努力。

妮妮小姐为了减肥也是每天跑步，昨天我看她朋友圈发的是在骑车。其实，在上个暑假我也计划着跑步，坚持了几天后，就放弃了。第一，因为夏天太热；第二，因为跑完出了汗，要洗澡，麻烦。取而代之的就是睡懒觉、刷手机、看电视。生活完全与"自律"撇开关系。不过好在，我良心及时发现，又开始给自己列各种计划。问题又来了，这么多的事件都要在一天内完成，我知道有些吃力，但我仍把它们都写了上去。在一天的结尾，我会把计划本再翻开看看到底完成了几项。不多不少，刚好一半，有时偶尔会全部完成。看来大多数时候，我都高估了自己的能力。

亲爱的乌云先生，我今天跟你谈"自律"确实有点心虚，因为我本就是个不自律的人。为了戒掉我多年拖延的毛病，我看了一套学习规划时间的书。我按照书中的方法一条一条试过去——没啥用，至少是对于我而言。于是，我决定自己寻找适合的方法。不久，我发现自己的自控力大大提升。我想说的是，只有发自内心地想要变好，你才会有所改变。找到适合你的方法，并坚持下去，我不信你不会变好。真正的自律从来不是艰难的、反人类的，而是会让你的生活在井井有条的基础上锦上添花。只有懂得了自律的意义，才能掌握自己的人生。

记住，你比任何一个人都要了解你自己。我知道不能从头到尾一整天都用来学习，所以我会在列计划时给自己留出足够的休闲时间；我知道自己体能不是很好，所以我会循序渐进，让跑步的时间由少到多；我知道自己非常急切地想要变白，但我也明白这是一个漫长的过程，所以要有耐心。如果学习的目的是提高成绩，未必只有上培训班一种办法，我个人认为自学比外面的老师教更有效果；如果运动的目的是锻炼身体或是减肥，未必只有跑步一种方法，你可以选择去健身房或是瑜伽室，又或者打打羽毛球、跳跳舞也很不错；如果美白的目的是想变漂亮，也不止美白一种途径，坚持护肤让皮肤更好也OK。

想要自律，必定首先要明白自己为什么这么做，目的是什么。然后再从多方面思考，找不同的方式。寻求专家、父母、朋友的意见，会让你的决策更加全面。下定决心要做一件事，便要心无旁骛，如果是"三天打鱼，两天晒网"的做事态度，一切都将是徒劳的。

乌云先生，我之前思考了很久，想为学校拍宣传片，终于在夏令营的那几天，拿着相机四处捕捉美好瞬间并用相机记录了下来。昨天在导素材的时候才发现居然已经拍了这么多。前天晚上，拖延了很久的脚本，我也终于写完了，可以说是如释重负。在校期间，我思考了很久，不知该怎么写，该讲一个什么样的故事才能吸引人。前天晚上，我坐在电脑前，灵感突然就来了，犹如暴风雨。这一写就是将近两千字，对于宣传片而言，如果按照这个字数配音的话，起码十几分钟。我就想着干脆拍成微电影，我把这篇脚本拿给爸爸看。他也说字太多，文案还需修改和慢慢打磨，但也赞同拍成微电影的想法。

刚开始的时候确实挺困难，我担心炸鱼先生不同意我拿着相机到处拍，但拍了几次，见他也没说什么，我渐渐就大胆起来。但，乌云先生，你不知道我一看到炸鱼先生，就真的超慌的。收集素材时，还要考虑到有些同学不同意拍摄，我就想如果他们看到我在拍却并没有来阻止我，那我也只好默认他们是同意的。有些时候，我也会问他们是否同意我拍摄，大多数人都是持赞同态度。嘻，我真的太难了，素材有了，脚本有了，还需要演员、会航拍的摄影师。我准备在全校招募，这就意味着我要跟老师甚至校长沟通，又是一大难题。亲爱的乌云先生，我相信我都可以处理得很好。一旦开始了行动，问题会一个接一个地被克服的。花了时间和精力，结果总不会太差，期待我的微电影吧！

临开学的几天里，我们总会看到有人发朋友圈说自己还没写完作业，也会收到要作业的消息。而这些同学，在开学那天通常会顶着两个熊猫眼和带着全部完成的作业出现在教室里。这也许就是在最后的时刻，人总会奇迹般地爆发出小宇宙。比如我白天的效率比晚上的效率低，我也总说我晚上的注意力更集中；还比如那句"一支笔，一盏灯，一个夜晚，一个奇迹"。

最后呢，乌云先生，我认为人还是不要对自己那么苛刻，偶尔摆烂也在情理之中，压力和焦虑只会让你的生活一团糟。我们只有通过自律才能找到自己的节奏，用自己喜欢的方式，做自己感兴趣的事情，过自己想要的生活。亲爱的乌云先生，祝你越来越自信，越来越有毅力，还有永远开心快乐！

2022.8.10

晴天小姐

那年那时那事

我真心希望祖国越来越好，

世界上的其他国家也要一起变好，

少一点战争，多一些和平。

乌云先生：

最近过得好吗？这个暑假快要接近尾声了，我呢，没有出去玩。每天都是写作，跟文字打交道，我也没有觉得是浪费时间。

亲爱的乌云先生，我现在是一个特别渴望旅游的人，特别是这两年，基本没有出省玩过了。新冠肺炎疫情暴发之前，热爱旅游之心还未被激发，现在，我却过厌了居家生活，不想再当"宅女"了。

记得那是2019年，我还在上六年级，当时的我们，谁都没有想到这次的新冠肺炎疫情影响范围那么广、时间持续那么久。如今我只依稀记得那年的寒假无比漫长，我在家上网课，也不能说是网课，因为是录播的。资源包里还有体育课、美术课，有时我和外婆就在客厅里对着电脑做运动。我记得那年培训班还未被禁止，每逢周末，我依然会准时等在电脑前，等老师上线。那时的我，真的打心底喜欢上培训班，因为可以汲取知识，学到更多课本里学不到的东西，那个老师知识很渊博，讲课有趣也有思维含量。现在我不上了，倒是有点怀念啊。

其实，那时的我，根本没有意识到疫情的可怕。只是那年，我们家有了很多的消毒水、消毒洗手液、酒精棉和口罩。偶尔会上网搜索感染人数，看到中国版图被"红色"一点点侵蚀，看到数字的跳升，我的内心竟毫无波澜。这个寒假，没有往年过新年的喜庆与热闹，只有空无一人的街道和马路。

在某一瞬间，我突然意识到，我只是一个普通的小孩，只能坐在家里，待在父母身边，什么都做不了。但这也让我有了足够的时间陪伴父母，与父母交谈。停下来，看看爱着我们的人，也想想自己。在灾难面前，人类是脆弱的。但我们还是看见了那么多伟大的平凡的人站出来，有的在抗疫一线，有的在二线三线默默付出。当我看见有人顶着被感染的风险接送医护人员上下班，看见脱下防护服后被勒出印子的脸，看见各界人士纷纷捐款，我的心好暖。当我再次上网搜索疫情现况，我为自己之前的无知感到羞愧。这一次再看到飞升的数字，我感到了气愤与无力，最后还是怀有希望，相信白衣天使，相信祖国，因为我们有那么多有爱心的人。

青春才几年，疫情已占了三年。这会是我们这一代人共同的苦难记忆，我们应该成为更加坚强勇敢有爱心的人，我们要为了世界的和平贡献自己一点微薄的力量。我真心希望祖国越来越好，世界上的其他国家也要一起变好，少一点战争，多一些和平。等到全世界的疫情都结束了，我想和爸爸妈妈一起去看祖国的大好河山，还要去环游世界。

亲爱的乌云先生，我看过《长津湖》，知道真实的战争要比电影中呈现的残酷、血腥很多倍。我们这一辈人，一出生就活在温室里，对于外面的世界到底发生了什么，大多数人都漠不关心。我们都在说"今天我是祖国的花朵，我以祖国为荣；明天我是祖国的栋梁，祖国以我为荣"，可真正成为祖国栋梁的又有多少呢？我还要继续加油努力！

乌云先生，最后还是希望疫情快快结束，我要出去玩！哈哈。

2022.8.11

晴天小姐

拒绝冷漠，共担责任

受害者在被霸凌后，
身体上的伤会恢复，
但心理上的创伤呢？

乌云先生：

今天刷视频刷到了校园霸凌，让我想到了之前看过的韩剧《女神降临》中的女主因为长得丑被校霸欺凌。小学的时候，班主任也给我们看过"今日说法"中校园欺凌的案例。视频中的女孩被一群女生围着，她们扯着她的头发，用烟头烫女孩的脸，再是拳打脚踢，画面简直不忍直视。

乌云先生，我虽然没有遭遇过校园暴力，但我们身边是存在这类现象的。忘了是有一天中午还是晚上，在寝室里听到学生处主任通过广播在说学校里有欺负同学的现象，欢迎大家举报。我们班是没有的，大家相处得都挺好。我没有亲眼看见过校园霸凌，但从网上刷到过相关的视频。

从小学到初中，我确实有很多变化。来到新环境中，要交新朋友，思想相对小学时更加成熟的我们，在面临人际关系问题时会遇到很多问题。相处得久了，总是会被影响，进而出现小团体，然后还可能出现孤立同学、欺负同学的现象。现在即使三孩政策已颁布，但仍有很多同学是独生子女，对朋友的渴望是很强烈的。在盲目焦急地寻找朋友的过程中，往往会因看走眼而误入歧途。亲爱的乌云先生，"物以类聚，人以群分"这句话说得很对。干净的圈子，比什么都重要，环境对个人的影响是很大的。

在今天看到的那个视频中，受害者将自己被欺凌告诉了她的妈妈，她妈妈却对她说"为什么别人就欺负你，是你自己身上的原因导致的"。于是被欺凌的同学便更加肯定了是自己做得不对，是自己的问题。我看到这里很气愤，无论是家长还是老师，或是学校、社会，在听到或是见到被霸凌的事件时，都应当严肃认真对待。不能总认为是小孩子之间的打打闹闹，我们已经不是小孩子了，基本的善恶我们还是能够辨别的。在这个关键时期，家长、老师、学校应齐心协力预防这样的事情发生。如若发生了，一定要查明真相。施暴者要受到应得的惩罚，要让他们知道做错了事是要受到惩罚的，而且必须从严处理。乌云先生，你可能要说我狠心了。我却觉得这还罚轻了。你想想，受害者在被霸凌后，身体上的伤会恢复，但心理上的创伤呢？在受害者的记忆里，这永远是一段痛苦、不愿回忆的过往，他们如果走不出来，今后的人生就会一直笼罩在阴霾之下。

　　心理课上，老师也问过我们，如果你目睹了一场欺凌，你上前制止了，到后来却被孤立了，你会不会后悔当时站出来？我不后悔，面对霸凌我们必须拒绝冷漠，共担责任。如果真的出现我被孤立的现象，我只能说这个班级存在很大的问题，班级风气完全被"恶势力"掌控了。为了避免同样的事情发生在自己身上，我们没有理由选择袖手旁观。

　　亲爱的乌云先生，我们不能做校园霸凌的施暴者，更不能做旁观者。希望每一个孩子都能平平安安、快快乐乐地成长。

2022.8.12

晴天小姐

我是幸福小孩

这个方法有时候可行，

有时候行不通，

那我也只好算了。

乌云先生：

最近过得怎么样？距离上次和妈妈吵架已经过去好久，距离上次和爸爸吵架估计已经过去几年了。在我们家，我妈主要负责我的学习和生活，我爸负责我精神上的熏陶，也就是给我讲道理。

前几年，我想买个什么东西，软磨硬泡一下，我妈就会同意。之后的几次，我会选择合适的地点、时间，看我妈心情怎么样，再提出我的要求，一般成功的概率比较大。有时，爸妈不同意，我就会选择"强制"手段，比如哭一哭、闹一闹，最终这事儿也就成了。有时我会采取一个策略，先把我所有想买的东西都给我妈看一下，如果她觉得太多了，那就删去几个自己不是很喜欢的。我会向妈妈讲解某个东西的好处，努力说服我妈。这个方法有时候可行，有时候行不通，那我也只好算了。

这几年，我发现了一个规律，只要敢踏出第一步——向父母提出要求，且不论这个要求大或小，开明的父母大概率是会同意的。如果父母不同意，那就代表这个要求超出了他们的底线或无法实现，这时候你要学会让步；如果同意了，那就与上述情况相反。去年，我说我想染发，我爸同意，于是我妈就陪我去理发店，染了一个蓝色的，染完我就后悔了。两周后，我把蓝头发重新染回了黑发。乌云先生，我想说的是，有的人做出决定是无法轻易被改变的，即使父母不同意，还是会坚持到底。只有亲自试过了，才知道个中滋味，所以经历了那次的染发之后，我再也不想染发了。

那时候，正值叛逆期，面对网络上良莠不齐的信息无法进行甄别，所以犯了不少错误。不过我也庆幸自己的叛逆期时间很短，虽然那段时间反应很大。我现在很懂事也更加成熟，知道什么事该做什么事不该做，自己心里也有一个度。我爸昨天跟我说，当时我叛逆期，他很焦虑，但也不可能告诉我。他还说，我二年级时，有一次他看到我写的作文，差点崩溃。他描述了一下那篇作文，大概是这样的：有一个冬天的早晨，外面还很暗，我起来坐在客厅，然后起身去窗边。我爸说完，我们俩都笑了。

亲爱的乌云先生，现在我和父母的关系不像叛逆时那般僵硬了，挺好的。我现在倒成了爸爸妈妈之间的润滑剂。每当他们一有吵嘴的迹象，我就立马出面阻止。因为妈妈脾气比较暴躁，我就教爸爸：妈妈说什么，你听着就好，不要跟她吵。很多时候，家庭成员之间的关系就是，你强他弱，他强你弱，互相制衡着的。

我的家庭幸福美满，虽然不那么有钱，但过得也算富足。爸爸妈妈对我都很好，我爱他们，他们也爱我。最近网上有很火的一段话"我一出生就活在温室里，父母很开明，我周围全是爱，我的青春轰轰烈烈，从小就生活在光亮里"。乌云先生，此刻的我感到我是世界上最幸福的人，真的，无比幸福。希望你也一样。

2022.8.12

晴天小·姐

你要注意了哦

我整合了所有的聊天记录和证据发了一条朋友圈，
提醒身边的朋友小心诈骗。

乌云先生：

你好啊。虽然立秋老早过去了，但我住的城市的气温只升不降。我打开手机，看了看天气，接下来的一周都是四十多度。越临近开学，我越有一种紧张和不安的情绪涌上心头。先不说以后的事，我想跟你讲讲我昨天晚上遇到的事情。这是我人生第一次离诈骗这么近。

事情是这样的：

昨天下午，我看我的一位小学同学发了几条朋友圈，第一条开始不对劲的朋友圈文字是：今天朋友他叔公司发福利，活动真实，名额有限。接着后面三条是感谢信任第一、二、三位，配图是聊天截屏。我发觉不对劲了，在一个平常比较活跃的群里发了一句"熊熊先生是不是被盗号了"，然后熊熊先生就给我发信息了，让我把群里的消息撤回。我撤回之后，另一个同学也提出了和我相同的疑问，于是我们便在群里展开了讨论。牙签先生和熊熊先生的关系很好，小学毕业后也一直有联系。他说，下午的时候熊熊先生给他打过语音，只是当时他在上课没有接到。牙签先生去问了骗子几个问题，骗子肯定答不上来，就没回。群里越来越热闹，更多的人参与了讨论。就在这时，骗子把我们的群解散了，也删除了朋友圈。我们又建了个新群，取的名字就是：探查熊熊先生是否被盗号大队。小学的几个群聊包括班级群一下子全都热闹了起来。我让他们把和骗子的聊天记录及一些相关证据都发出来。确确实实有同学被骗了，最高的金额达1400元！星辰小姐提议报警，被骗总额加起来是有点多了，达到可以立案的数额。孜然先生在群里说，他报完警了，公安局要派人过来做笔录。还有的在提交申诉。十一点多的时候，事情暂告一段落。我整合了所有的聊天记录和证据发了一条朋友圈，提醒身边的朋友小心诈骗。我还去下载了国家反诈中心的App。亲爱的乌云先生，如果你手机里还没有这个软件的话，一定一定要去下载，以防万一啊。

听熊熊先生说，好像是因为他让别人代打游戏，所以才盗了他的微信号。乌云先生，前几年很火的比心软件，就是专门找人打游戏的，我一向害怕自己的号被盗，以前打游戏我从来不会答应别人上我的号，包括同学、朋友。乌云先生，你也要注意了，即使你不打游戏，也要提醒身边打游戏的亲朋好友注意这个问题。

不得不说，现在的骗子真是恶劣，连未成年人都骗。但也正是因为未成年人心智尚未成熟，更容易上当受骗，所以骗子才专挑未成年人下手。平时在学校里，老师也多次讲过电信诈骗，但我从未在意过。乌云先生，作为一个心智还算成熟且警惕性较强的人，我信任的人不多，原来也是一件好事。凡事都多留个心眼，肯定是不会错的。你要注意了哦。

2022.8.13

晴天小姐

听够一千遍反方向的钟，就能回到过去吗？

成长真的就像《千与千寻》中水里的小火车，

永远只有单程票。

乌云先生：

我的外公最近做了个小手术，住院了。外婆一直在外公身边陪着，舅舅舅妈、我妈我爸都轮流去探望了几次。明天外公就要出院了，但是我要上课没去成。

乌云先生，我小时候是外婆带大的，上幼儿园之前，一直和表姐住在外婆家。很多小时候的事情都是从爸妈口中得知的。他们说，外婆烧饭都是一手抱着我，一边拉着表姐。大概外婆是真的有"三头六臂"吧。

外婆矮矮的胖胖的，在我的记忆中，外婆从没留过长发，都是蘑菇头似的短发。我从小到大，她好像都没什么变化。变的是我和表姐，长高了，很少回外婆家了，也不再黏着外婆了。

越长越大，我细数着回外婆家的日子越来越少了。我有时候甚至不想回去，因为回去也是和表姐在房间里刷手机，一天就这样过去了。小时候在外婆家，一待就是一个暑假。即使很早起床，外婆外公也早已给我们煮好了早饭，并放在院子里的桌子上。我和表姐通常会盛一碗拿到客厅边看电视边吃，而我每次都吃不完，剩很多在碗里，外婆每次看到，都让我再多吃一点。

吃完早饭，便到处找乐子。记得最清楚的一次，是我和表姐在院子里烧烤。先找需要的材料，木头在厨房里有，食材在冰箱里，再倒点油在杯子里，也不知从哪里翻出的锡纸。我跟在表姐身后，屁颠屁颠地在墙边搭好烧烤架，烧烤架很矮，但是我们蹲着也不觉得累。表姐找了个火折子点火，木头不一会儿就烧起来了。接着，我们把切好的肉和蔬菜放在锡纸上，时不时刷点油，等着烤熟。风有些大，烟很呛，我们蹲远了些，眼睛却始终在烧烤架上，不曾偏移。表姐率先品尝了一片肉，给我也尝了尝，我们都觉得好吃，即使没有蘸酱。外婆、舅妈、舅舅、我爸、我妈看到我们的迷你烧烤架，都走过来慰问一番。他们来的第一句话都是："这能不能吃啊？"我和表姐都异口同声、斩钉截铁地说："能！"直到外公过来，看到我们在玩火，说了句："去去去。"说完，便把火踩灭了。外公不是那种严厉的老头，相反他很呆萌，所以每次他说话都有点像喝醉酒后的语气。烧烤活动被迫结束，我们一点也不生气。我们转而把注意力放在外公身上，准备和外公"大干一场"。摆好姿势，我和表姐一顿操作猛如虎，左勾拳、右勾拳、上勾拳、下勾拳，外公直接被"吓怕"了，离开了现场。

亲爱的乌云先生，还有一次，我和表姐从前院往外走，发现出去的一条必经之路上全是石头。我们便想着找些好看的石头拿回去。我看到像紫水晶一样的石头，好不新奇。找着找着，两只手都拿不下了，我们这才决定回去拿个筐子再来。夏日的太阳火辣辣的，不过还好我们头顶都是树，根本感觉不到热。过了一个多小时吧，终于肯回去了。表姐找了个大盆子，我负责装水，我们将石子全倒进去，一颗颗洗净，再一颗颗拿出来，放在一块找来的桌布上，摆整齐。不记得是谁提的点子，我们又找剪刀在石头上刻字。最后我留了两颗，表姐也是，其余的就都放在靠近厨房那个房间里的桌子左边的柜子里。那两颗石头前些年还在，我将它们放在书桌的柜子上，后来不知怎地就不见了。

以前老师让我们写童年，我不会写，那些记忆好像都被封存了，如今花点时间细细回忆，一下子又都涌上心头。我又想起，我们找箱子给狗狗搭窝，因为一连下了好几天的雨；又想起，我们找大人的衣服穿，还办了一场"时装秀"，邀请大人们一起来看；我又记起，外婆给我们钱，我们便唱着跳着去某条路的尽头的小卖部买辣条、冰棒；还记起有一年过年，除夕夜，我们俩在院子的平台上看恐怖片，天很冷，灯也很暗，可是我一点也不害怕。亲爱的乌云先生，我有很多很多美好的童年回忆，但我记住的太少太少。

每次回去，我都很想像小时候一样和表姐玩耍，可是后来表姐得了抑郁症，我也不再期待着回外婆家。好在表姐的抑郁症治愈了，但我们终究都长大了，无法再回到过去。当年一同喝过的牛奶盒上印着一句话，我至今印象深刻："小时候，快乐很简单；长大后，简单很快乐。"是啊，成长真的就像《千与千寻》中水里的小火车，只有单程票。

从前想着快点长大，如今长大了，却在想着如何能够回到过去。人啊，一辈子都在怀念过去。亲爱的乌云先生，可惜你不在我的童年里，你也不懂我的快乐。

2022.8.14

晴天小姐

占卜真的很准吗?

让我把自负这个毛病改掉,
做到专心听讲,遇到不懂的问题时要问懂,
不要为了面子而不懂装懂。

乌云先生:

你好呀。最近我睡得很不好,每晚十点多或十二点多上床睡觉,总会很烦躁,翻来覆去都睡不着。于是我上网查询:为什么半夜睡不着很烦躁、多动。我翻了翻,最后得出的结论是有焦虑或抑郁症。但是我现在感觉没什么焦虑的,更没有抑郁倾向,可能我就是缺钙,犯多动症。乌云先生,我这身体真是一天一个样啊。

昨天看星辰小姐发了一条关于占卜的朋友圈,我想着也去占卜一下,就加了那个姐姐的微信,她说让我发条朋友圈帮她宣传一下,就能免费帮我占卜。我发完之后,她问我想占卜哪个方面的,我说学业,我又说想占卜距离心仪的学校有多远。几分钟后,她给我发来四张图,让我凭第一直觉选一张。我选完一个小时后，她给我发来一大段文字："你的性子容易摇摆不定，想的事情太多，未必能够专心攻书。你心仪的学校或许不止一所，而你也时常会陷入择校的苦恼中，为此心烦不已。"我读到这里，心想，妈呀，这也太准了吧，我就是这么个人。接着是："除此之外，这张牌还有关于平衡的启示。兴许在学习上你比较偏科，各科目的成绩无法达到平衡，在考试上这种情况不容乐观。"亲爱的乌云先生，这这这，也太准了吧，我确实存在很严重的偏科。我以前觉得占卜很迷信，但现在我改变我的看法了，太神奇了。最后她说："建议你在自己不擅长的科目上多花点时间学习，以免最终平均分被拉低了。依照牌意来看，你能考上心仪学校的概率大约是50%，还得多下点苦功，加油！"

起初，我确实是想知道一年后的中考，我有多大概率能考上心仪的学校，所以很紧张占卜的结果，占星牌告诉我现在有50%的概率能考上。于是，我继续占卜第二个问题：如何增强学业。因为昨天时间太晚了，那个姐姐是今天早上把解牌的结果发给我的。她说："女祭司逆位的含义是贪心、不理智以及自命不凡。选到这张牌的朋友，你过于高估自己的学习能力，最大的问题在于态度不端正，容易自负。你的领悟能力也许还不错，学习成绩也比较好，所以你认为自己并不需要很刻苦地学习。"乌云先生，当我看到"贪心""不理智""自命不凡"这三个词时，脑海中有了画面。我贪心，是因为我时常幻想自己能考到多少名；我不理智，是因为当我考试不理想时，会难过很久；我自命不凡，这就不用说了，我天天都在鼓励自己我很牛。

后面还有两段话，是让我把自负这个毛病改掉，做到专心听讲，遇到不懂的问题时要问懂，不要为了面子而不懂装懂。好吧，虽然被别人指出丑陋之处的滋味并不好受，坦然地剥开自己也并不容易，但这一整年我确确实实有自负这个大毛病。

乌云先生，我决定了，从今天开始，改掉自负这个毛病，听从占星师的做法，认真听课，勤学好问。我在这之前从来不信占卜，但昨天体验了一把，感觉良好，而且是真的很准。亲爱的乌云先生，以后的日子里，我肯定还会接受一些我不了解和从前接受不了的东西，多体验，多尝试，多争取，相信自己可以更加成熟和自信。你说是不是？

2022.8.15

晴天小姐

重要的事情说三遍

只希望身边的同学、朋友、亲人都要活得好好的，

不管生活如何，一定要好好活下去，

一定一定一定要活下去。

乌云先生：

最近过得好吗？我刚刚午觉睡醒，洗了把脸，现在脑袋还晕晕乎乎的。想跟你讲下我近两天的睡眠状况，晚上睡得很晚，而且躺在床上很久都无法进入睡眠，白天精神还好，只是在早晨起床时非常抗拒，会赖很久床。下午犯困，于是我定了半小时的闹钟，但每次醒来时午睡已经进行了一两个小时，起来后站不稳，很晕。

乌云先生，你说我是不是有什么毛病？近期我身体上只要有一点问题，我就上网搜索像什么病，该怎么办，我感觉自己未免有点太惜命了。我爸每天在我耳边唠叨，身体最重要，身体最重要，身体最重要。我从没放在心上过，因为我觉得自己还年轻。

昨天晚上看了一篇以悲剧结尾的小小说。我之前看以悲剧结尾的小说从来没哭过，但昨天看的那篇真的很催泪。信里就不说主要的故事了，如果你想看的话可以去知乎上搜《纯粹的男神》。女主喜欢了男主很多年，但男主因为自卑，高中时父母离婚，外界对他的流言很难听再加上他患有晚期胃癌，他没法回应女主的感情，也从不和女主聊未来。其实男主在高中时就喜欢女主，一个是明恋，一个是说不出口的暗恋，也勉强算是双向奔赴吧。一个早晨，女主醒来时发现男主晕倒了，便急忙送他去医院，这才知道男主已经是胃癌晚期了，医生说怎么治疗都没用了。女主第二天醒来发现不见男主的身影，却看见餐桌上有一封信，是男主的绝笔信。警方的电话打来了，说男主的尸体在附近公园的角落里被人发现，他服了大剂量的安眠药。那封信的最后写道："我还希望，我的离开不要带走你爱人的能力。你还年轻，以后一定一定会遇见更美好的人，如果遇见了，千万不要因为我而拒绝，如果有那一天，我希望你把我放在回忆里，好好爱别人。比起你忘记我，我更害怕你因为记得我而耽误你自己。"男主真的很爱女主，可命运捉弄人呀。

亲爱的乌云先生，这么温柔美好的男人，未来也该是敞亮的啊，可偏偏二十多岁，就已经是他的一辈子了。我有时候在学校里，很担心爸爸妈妈的身体，我害怕他们会不会在哪天突然离开我，于是一有这样的念头产生，我就立马去电话亭打电话确认。打完电话后，我才能安心去上课。我告诉他们，如果他们哪天查出什么病，无论大小，一定要告诉我，我可不想出现电视剧里的桥段。我害怕爸爸妈妈怕我不能专心读书而不告诉我一些真相，我希望我们都能互相坦诚。

生命是很脆弱的，我也许是真的贪生怕死。只希望身边的同学、朋友、亲人都要活得好好的，不管生活如何，一定要好好活下去，一定一定一定要活下去。此刻的我就活着，能大口大口呼吸不怎么新鲜的空气，能在四十多度的太阳下暴晒着，能看见周围的景物，能听到嘈杂的人声。没有比活着更美好的事情了，我的周围全是鲜活的生命，活着真好。乌云先生，请把每天都当作你生命中的最后一天来过，尽力过好每一天，不让年华虚度；尽力去感受生命，不浪费光阴。我们能掌握的太少了，连生命都不由自己掌控，往后的日子，健康第一，生命第一，自己第一。

亲爱的乌云先生，我希望你早睡早起，吃好喝好，而后再努力生活。无论多忙碌，定期就去做一次全身检查吧。我没法时时刻刻在你身边，你也要照顾好自己，行吗？

2022.8.16

晴天小姐

及时快乐!

不知你有没有发现,

日常生活有着极强的消化能力,它消化坏事,也消化好事。

时间真是个伟大的东西,我们每个人都随着时间的流逝变化着。

乌云先生:

这周过得太糟糕了。

且听我细细道来。

星期三最后一节课是心理课。老师问我们,会不会接纳别人的坏情绪。我毫不犹豫地说:"我会。"老师问我为什么,我回答因为别人也有别人的难处,我们得理解。话音刚落,爱浮小姐就讲了上周五妮妮小姐什么话都不说,就像抑郁了一样的事。因为我跟妮妮小姐一起上下课、一起吃饭、一起晨跑,算是形影不离吧,那天在去上体育课的路上,她确实一直都不说话,不管我怎么说,她都不说话。我开始担心她,怕她真的抑郁了。后来一连几节课,她一句话都没有,我更着急了,于是我跟其他同学说："她这样，我好烦。"说这话是因为看她这样子，我心里着急而感到无助的烦。爱浮小姐却觉得我是因为妮妮小姐一直不说话而反感。后面半节课我都没怎么听了，我一直在控制自己的情绪，不让眼泪流下来。下课之后要跑操，在教室外排队的时候，我实在憋不住了，眼泪就掉了下来。爱浮小姐一直在说"别生气了"，我说没生气，她还是一直在说"别生气了"。我脑子里乱乱的，拉着站在我前面的同学的手，她一直在安慰我，这让我感到一丝暖意。跑操过后，草莓小姐把我拉走，说有话对我说。

人群中我被拉出来，来来往往的人从我身边经过。草莓小姐问我发生了什么，我就跟她说了。我们从图书馆前一直走到小亭子，路上她一直安慰我，我的情绪渐渐稳定下来。我们坐在湖边的大石头上，旁边是一棵桃花树。风一吹，花瓣都掉落下来。目光所及之处，都被花瓣覆盖了，真的好美。坐了一会儿我们就走回去了，碰到爱浮小姐还有其他同学。爱浮小姐解释说，她之所以说这件事，就是希望我改正。我不讨厌爱浮小姐，只是因为她把我想成那样的人，我很难过。不过很快，这件事就像没发生过一样，又回到了平常的样子。

乌云先生，不知你有没有发现，日常生活有着极强的消化能力，它消化坏事，也消化好事。时间真是个伟大的东西，我们每个人都随着时间的流逝变化着，甚至这个大自然、这个世界都随着时间的推移而改变。人的想法和感受，真的会随着时间和认知的改变而改变。原来笃定不会变的事情，会在之后的某一刻很容易变得释然。原来患得患失、多愁善感，整日忧虑也不得其解的事情，会在之后的某一刻变得不再那么重要。人是变化着的，情绪和感受也都是变化着的。可能在当时你觉得绝望难过，但过了这个坎之后就觉得没什么了。这个世界最难的事莫过于在多变的世界里维持不变的关系。我不知道成年人的人际关系有多复杂，但我知道在我这个年纪，所有的同学关系也好，师生关系也罢，生气、愤怒、伤心这些不好的情绪都是一时的，有些事情长大后再回过头来看，就会发现自己当时的处理方式有多幼稚。现在爱浮小姐的事都已经成了过去式，我们还是很要好的朋友。

乌云先生，人生海海，山山而川，不过尔尔，我们要及时快乐，你说对不对？

2022. 8. 17

晴天小姐

你已经够好了

> 有时候我们必须承认自己是脆弱的，
> 很多时候我们在外人面前装得刀枪不入，
> 内心却依然柔软。

乌云先生：

你好呀，最近过得开心吗？因为国家颁布了"双减"政策，没法上培训班了，待在家里的日子竟变得如此漫长。我是很喜欢上课的，因为我知道我无法安排好自己的学习，也不是很自觉，所以培训班便成了管理我的"老师"。我的一天被安排得满满当当，也不觉得累，跟在学校里一样过得很充实。在培训班我有充足的时间完成学校作业，也不用在周五晚上熬夜了。那些多出来的时间，我就留给我的弱科，留给自己做喜欢的事情。

这周二吃完晚饭回教室的路上，经过钢琴室。爱浮小姐想要听菜豆小姐弹《平凡之路》，于是我们一起进入钢琴室，菜豆小姐弹得很好听。我喜欢《summer》，但是菜豆小姐不记得谱子了，后来波树小姐路过，她会弹。于是我请波树小姐弹了一曲。我完全沉浸在琴曲中，看到她的手指灵活地在琴键上跳跃，就觉得好厉害。其实我是很想学乐器的，之前也曾学过很多种类的乐器，无奈都没有坚持到最后。我觉得我完全没有任何音乐细胞，学小提琴时用了两年时间，五线谱都没学会，唱歌还五音不全。至今，我仍对音乐抱有希望，我还是想去学乐器和唱歌。听到别人唱歌这么好听，真的打心眼羡慕。

亲爱的乌云先生，老天对每个人都是公平的，可能你在这方面不擅长，在其他方面却很有天赋。学乐器和唱歌，这件事我时常也会跟妈妈提起，妈妈口头答应了，但好像并没真正去找过老师，自己其实也没太在意。有时候我们必须承认自己是脆弱的，很多时候我们在外人面前装得刀枪不入，内心却依然柔软。我经常告诉自己"你已经够好了"，这种心理暗示颇有成效，让我不再去逞强做自己不擅长的事情。因此我也不怎么焦虑了，心情也好多了。

新的一天到来，又是新的一个自我。人生漫漫，有多少个日出，就有多少个新的自己。看似重复的一天，也有很多细小的差别等待你去发现。春去秋来，花开花落，我们一天天长大，承担起更多的责任，但肩上的重担有时也可以放下来。累了，就休息；委屈了，就哭泣。你做得已经够好了，不如意也许有其他原因，但那不一定是你的错。我们的知识储备需要一点点积累，我们内心的坚强也同样需要慢慢养成。不要害怕前方会有困难，脚踏实地地走好每一步，困难就会迎刃而解。乌云先生，我知道努力了不一定会有结果，但是只要朝着一个既定的方向去努力，就算底子再差，在时间的积累下应该也会稍稍有点成绩吧。

亲爱的乌云先生，此刻我感到轻松极了。我现在只想躺在床上，闭上眼睛好好睡一觉，世界已经与我完全隔离了，我什么都不想关心，什么都感到满足。记住对待自己要温柔一点，告诉自己你已经够好了。

你说是不是，乌云先生？

2022.8.18

晴天小姐

角落里的灿烂

角落往往被人忽视，但角落里也能开出花来。

涂着油漆的玻璃、散落在地的墙灰、

柏油路上的石子都是一段段灿烂的时光呀。

乌云先生：

你好哇。最近，我住的城市天气太好了。在这样美好的春天，我决定出去走走。

我带上相机，漫无目的地走。感受春风吹过石板路，看见小小青苔也学牡丹开。忽然，我的目光落在一个阴暗的小巷里。因为是老城区，两侧的房屋都有一股历史的气息。

我站在小巷的入口，凝望着可以一眼望到头的路，又环顾四周，映入眼帘的是大厦，是满满的现代化。

我拿起相机，拍下第一张图片，取名为"历史的角落"。

我继续往前走，看到老式的自行车生了锈，看到不高的居民楼的阳台上挂着五颜六色的衣服。不时有人从楼里走出来，开关门的碰撞声和自行车的"丁零"声让我想起小时候妈妈骑着自行车，我坐在后面的情景。现在，家庭的代步工具大多变成了汽车，还是不禁感叹现代化发展的日新月异。

我拍下第二张图片，取名为"生活的角落"。

很快，我便走到了小巷尽头。呼啸而来的汽车从我眼前掠过，一辆老式的三轮车在我身后缓缓驶来。一个佝偻的老人骑在车上看了看四周，才小心翼翼地继续往前骑着。快节奏的生活什么时候才能慢下来呢？从各个方面带来的压力忽然让我有点喘不过气来。

我拍下了第三张图片，取名为"城市的角落"。

亲爱的乌云先生，这些角落好像都被人遗忘了。大家在意的是有没有穿潮牌衣服和名牌鞋，已经很少有人更加注重自己的内心了。角落往往被人忽视，但角落里也能开出花来。涂着油漆的玻璃、散落在地的墙灰、柏油路上的石子都是一段段灿烂的时光呀。

站在人群角落的我，样貌不够出众、能力不够出众，但是我不害怕。我知道我不完美，但我也知道所有人都不可能是完美的。我们很多时候只看到有人在分享精致的生活，但他们也是人，也有自己搞不定的东西，有自己的烦恼。我们作为旁观者只看到了他们光鲜亮丽的一面，也许背后那不为人知的艰辛和努力却是我们不曾触碰的。

　　亲爱的乌云先生，我们要建立自我价值感，增强自信。我相信"天生我材必有用"，角落里开出的灿烂之花更是叫人震撼。你说是不是这样？

2022.8.18

晴天小姐

终于来到一个句号

> 我不想再这样了，我要重新做回我自己。
> N先生，我要跟你说再见了，
> 也跟过去的自己说再见，
> 谢谢你出现在我的生命中！

乌云先生：

前段时间看完了《一闪一闪亮晶晶》，是通宵加一个上午一口气看完的，请先原谅我又熬夜了。看到结局的那一刻，我心中久久不能平复。

一是感叹张万森卑微的暗恋；二是觉得如果林北星没有回到过去，大概永远也不会认识张万森，也不知道曾经有一个男孩一直在默默守护她。每一条能让林北星回到过去的短信都是张万森遗憾的瞬间。不管在哪里，林北星都是张万森的首选和偏爱。这就是"汹涌澎湃的爱"吗？也太美好了吧。

亲爱的乌云先生，就在看完这部剧的后面几天，我决定不喜欢N先生了，当然也可能过段时间又重新喜欢。但我还是想要跟你讲讲这段时间我试着忘记N先生的生活。

在刚上初中的开学典礼上，我就喜欢他了，一直到现在差不多快两年了。我知道他有女朋友，而且感情也挺好的。我们可能以后都不会再相遇了，所以之前抱有的一点点希望终于破灭了。在爱情的路上，并没有标准答案。我觉得尊重自己的内心就好啦，这也是一种真诚，不是吗？朋友们都安慰我说将来会遇到比N先生更好的人，当时我还很固执，说他已经是我见过的最接近完美的人了。如今，我放下了。我承认，他确实很优秀，但我也不差。我不再纠结于是否配得上他，我要学习爱别人，同时也要努力爱自己。也许我追求的其实不是那个人，而是镜花水月的青春；也或许是因为爱而不得，喜欢而不得，让我逐渐失去了喜欢一个人的能力。

过了几周，突然发现有没有喜欢的人，对我的生活其实没有任何影响。我早起，晨跑，专心学习……原来我做这些事都不是因为N先生，而是因为我自己。虽然有时也会想起他，但心中已经毫无波澜了。

我终于明白了"及时止损"的含义，让自己光芒万丈，让自己走路带风，让自己保持魅力，这才是最重要的。那到底什么是爱呢？这个问题我实在是不清楚呀。现在我真的没有特别特别喜欢的人了，突然觉得有点不适应了。从前喜欢一个人总把他当榜样，努力追赶他，就这样让我越来越自卑。我不想再这样了，我要重新做回我自己。N先生，我要跟你说再见了，也跟过去的自己说再见，谢谢你出现在我的生命中！虽然有点小小的不舍和遗憾，可是谁的青春没有遗憾呢？

未来谁知道呢，你说呢，乌云先生？

2022.8.18

晴天小姐

"双减"政策下怎么努力？

人的时间和精力是有限的，不可能样样都做好。

感谢"双减"政策，

把我从上不完的培训班里拉了出来。

乌云先生：

你好呀。最近过得怎么样？

今天已经是八月底了，告诉你两个好消息。一是原定的开学时间是后天，但是因为天气太热，按教育局的要求，好像延迟开学了。二是今天培训班也结束了。

乌云先生，我想认真和你谈谈关于"双减"政策和培训班。我是从五年级开始上培训班的，在这之前上的都是跳舞、画画这类兴趣班。起初只是上科学和数学两门，后来变成四门课都上，并且有的科目有两节课。我的周末不是在培训班就是在去培训班的路上。其实上了这么多课，我一点都不觉得累，反而觉得充实。我是主动让妈妈给我报很多补习班的，因为我想要变好。

后来，兴趣班不上了，全天都是补习班。最辛苦的时候是上初一那年，周末培训班从早上八九点上到晚上九点多，十点多才到家，到家后还要写学校作业，常常写到凌晨一两点钟，躺在床上困得一秒就入睡。

一年前颁布了"双减"政策，大部分线下的培训班都关掉了，因此我之前上的所有培训班都不上了。我妈又给我找了老师，我现在由线下改为线上上课。总之，"双减"之后，我轻松了很多，也让我有时间停下来思考该怎么努力。

亲爱的乌云先生，我不是很理解"内卷"这个词。有人考试成绩变好了，总有人说这个人"内卷"。其实，我们都没有变，也没有"内卷"。该学的还是学，该写的还是写，该努力的还是努力。即使减少了培训班，也可以在家自学，效果不比上培训班差。事实是没有了培训班，班里排名也没有什么大变化，以前名列前茅的人依旧榜上有名。

很多人总说什么不能排名，可是不排名怎么能行呢？中考、高考都是要排名的，平常班级里的小考试也会排名。大家问来问去，自己的成绩在班里排第几名都清楚得很。也有人总说什么取消月考，可是不月考怎么能行呢？况且学校也总是会找到理由让我们进行月考的。月考是阶段性测试，可以检测我们还有哪些遗漏的知识点没掌握。月考真的很重要，至少对于我来说。

　　说实话，即使有政策在，实际上还是有很多人在上培训班。想学的人总是有办法的，我也从之前的五门课都上到如今只上两门课。关于培训班和上哪门课的选择，我认为在精不在多。我现在只补习相对还需要提升的数学和科学，眼下的目标就是把偏科的科目与其他科目拉平。人的时间和精力是有限的，不可能样样都做好。炸鱼先生也曾经让我把这么多培训班去掉几个，说上完课应该留时间自己去消化，而不都是老师在讲，你在听。乌云先生，我现在就比较从容，培训班上完课就立马把课后作业写完发给老师，第二天老师再讲评。以前我从来不写培训班作业，最主要的原因就是根本没有时间。

　　还好，感谢"双减"政策，把我从上不完的培训班里拉了出来，也让我拥有了如今平静的状态。亲爱的乌云先生，我依然在努力，在无数种学习方法里尝试，我最终会找到属于自己的学习方法的，相信有一天我也能成为别人口中的"学霸"。一起加油吧！

2022.8.20

晴天小·姐

世界上的另一个我

每个人的内心都渴望被认可和赞美，

而老师不可能做到每天鼓励你，

所以我们需要学会自己鼓励自己。

乌云先生：

最近过得怎么样？原定的开学日改成了在家上微课。昨天晚上，炸鱼先生在钉钉开班队课，先是请两位新的社思老师和生化老师讲了几句，然后回归正题，讲了距离中考不到10个月的大型考试的时间安排。我突然感到一阵心慌，心想，时间怎么过得这么快？

乌云先生，面对即将来临的人生中第一次大考，我很紧张，说实话，我对自己没信心。因为以往的经验告诉我，我一向会在关键时刻掉链子。我不敢想，不敢预言。等等，我好像写偏题了，哈哈。

这次给你写信，是我有个麻烦的问题想请教你。说出来我也觉得挺不好意思的，就是我不知道为什么自己会不喜欢跟自己特别像的人。波树小姐就是这样一个跟我特别特别像的人。有一次闲聊，我发现她的梦想、爱好、性格居然跟我的，还不能说相似，完全是一模一样。从初一到现在，我跟她的交集实在不算多，我很少能跟她说心里话，每次跟她待在一起，我的防备心一瞬间就提上来了。你说这是为啥呢？

我仔细分析了一下，可能的原因有三个。一是因为她跟我太像，而我始终认为自己是独一无二的个体；二是因为她总被老师表扬，我嫉妒她；三是因为她现在成绩跟我不相上下，我把她当成了竞争对手。我就此情况问了我的一个朋友，他告诉我："不要去比较，做好自己，然后努力提升自己。"然后他给我连续发了四个"格局打开"的表情包。我想，这件事确实是我格局小了。

一个相对固定的环境，并且大家都长时间身处其中，个体免不了会被大家影响。每个人的内心都渴望被认可和赞美，而老师不可能做到每天鼓励你，所以我们需要学会自己鼓励自己。以前，我总是在认为应该受到表扬却因为各种原因没有得到老师的表扬时难过，心里会很不舒服，表面装作没事，其实都快哭出来了。是的，乌云先生，我之前确实挺矫情的。站在现在，回望过去，真觉得自己傻得可怜。后来，我便不再纠结于一时的得失，赶紧让那些讨厌的人和事通通滚蛋，长久的精神内耗才得以有所缓解。

大多数人会认为，"世界上的另一个我"会是自己的一个很好的朋友，这个人跟自己很像，很懂自己。亲爱的乌云先生，请原谅我，我还是无法说服我自己。我觉得如果我暂时还不能克服这种连我自己都讨厌的心理问题，那我就干脆适当远离那些给我带来焦虑和烦恼的人。说不定，过一段时间，问题就自然而然解决了。

乌云先生，你瞧，我又一次在写信的过程中解决了自己的问题。难怪啊，你从来不回信。这也让我越来越坚信，人这一生，更多的只能靠自己。

人要有所作为，首先必须对自己狠一点（严格要求），其次是有智谋（知识积累），最后是愿为之拼命的决心（坚持）。你说是吧？

2022.8.23

晴天小姐

跋　人生是场体验

前天，重看了我初二时写的文字，第一感觉就是现在的自己不可能再写得出来。随着年龄的增大，读的书多了，我用理性代替了情绪化的表达。很多以前百思不得其解的问题，也随着自己阅历的增长，慢慢获得了答案。

从初中升到高中，是全新的体验。我最近有个感想：一个读小学的人是不可能想象到初中时的他会干些什么的，读初中的我也不可能知道高中的安排。我们只能知道个大概，会有期中、期末、中考、学考、高考。我在初一初二的时候，对中考没什么感觉；到了初三下学期，开始做模拟卷、真题卷，才开始对中考有了比较清晰的认知。我在学考前一个学期，对学考根本没什么认知。什么难度？很重要？学校老师说，学考特别简单；问了一个高二的学姐，她也说特别简单。

但，对于那时即将考试的我来说，真的简单吗？那为什么我不是全A？

N先生曾跟我说："高考永远无法模拟。"我想答案就在此，因为人生是一场体验。

那为什么我会突然觉醒般开始努力学习并热爱读书呢？我记得初三的一个周末，我回到家发现书桌上有一本用丝带打了一个蝴蝶结包住的书，书名叫《复利思维》。我翻开目录看了几眼，就是那几眼改变了我之后的人生。我开始知道原来有这种适用类型的书教我如何学习如何思考。我疯狂地看，并把那些方法运用到自己的学习中。但这还不够，我开始对一切知识感到好奇，我不再局限于学习类书籍，我开始看心理学、脑科学、社会学、工程学、经济学、教育、数学、商业……我有好多"为什么"，我有好多"发现"，当我为了满足好奇心而去学习，便是乐在其中，一点也不觉得辛苦了。我的班主任告诉我们"不要阅读课外书"，但我实在赞同不了，如果我们能从更高维度去思考低维度的问题，不是更简单？我们既要活在当下，又要不困于当下。

如果不太熟的人问我这个问题，我会说上面的回答，但其实还有一个很重要的原因：我开始觉得我必须要对自己的人生负责。在家里的时候，爸爸就会说一些工作上的事情，时间长了，我就生出一种感觉，很多事情不是那么容易就解决的，钱是很难赚的。再加上我爸在我上高中之前对我的学习不闻不问，从不会为了让我获得更好的教育资源去花时间研究。我到底该说他是对我自信呢还是压根随缘？于是，在这样的情况下，来自社会与家庭的压力，让我有了强烈的危机感——生存危机。我想，如果我不好好学习，可能连个二本三本都上不来。我这么要强的性格不允许这样的事情再发生。高中没上很好的高中没关系，大学一定不能再稀里糊涂的了。

当然，我们在学习过程中遇到的不仅仅是学习问题，还有心理问题、人际关系问题和其他看似无关学习的问题，但实际上，如果不处理好这些问题，往往会阻碍学习甚至导致一些更加严重的事情发生。就比如，我上个学期来到高手云集的实验班，压力剧增，我的优越感、自信心被践踏，还遇到不喜欢的老师和同桌，由此导致我不想跟人交流，想把自己变成透明人的想法每时每刻都在困扰着我。后来看了《羞耻感》这本书才知道原来这种心理状况叫作羞耻感。可想而知，我高一下学期是如何艰难地过来的。所以，无论在读此书的你是学生还是家长还是老师或是任何一个看到这里的人，请不要忽视情绪问题，它影响效率、人际关系、成绩。我们擅长于藏匿自己的情绪，好让他人觉得我们能够抵挡一切。我们的确是坚强的，但我们同时也是脆弱的。

　　长大，就像我们学习数学。我们学代数，最开始学的是自然数，包括0和正整数；然后我们学习的是整数，包括自然数和负整数；之后，学的是有理数和无理数，包括整数和分数。无理数是无限不循环小数，你找不到任何规律。我们不断地学习各种数，其实也是在一步一步地理解世界的复杂。初中时思考问题，对就是对，错就是错；到了高中，我们学习议论文，我们知道了思考问题就辩证地看。慢慢地，我们都会认识到世界其实没那么简单。我们要承认它的复杂性，并努力使它变得不那么复杂。

　　人生是一场体验。当我们走过足够多的路，吃过足够多的苦，看过足够多的人之后，会有一瞬间你感到自己"开窍"了，这就是命运在向你招手了。

　　亲爱的读者们，读到这里，本篇就要结束了，但晴天小姐和乌云先生他们仍在成长，他们的书信往来不会结束。晴天小姐遇到的问题或许是每个人都曾经苦恼的问题，我把它写下来，是在帮自己，也想让更多为此而烦恼的人感到安慰，也希望我能做他们的一盏灯，指引他们走出人生的迷雾。

2024.8.12

晴天小姐

图书在版编目（CIP）数据

做自己的北极星 ：晴天小姐和乌云先生的对话 / 晴
天小姐著. -- 成都 ：成都时代出版社，2025. 1.
ISBN 978-7-5464-3548-0

Ⅰ. G444

中国国家版本馆 CIP 数据核字第 2024ZS1925 号

做自己的北极星:晴天小姐和乌云先生的对话

ZUO ZI JI DE BEI JI XING: QING TIAN XIAO JIE HE WU YUN XIAN SHENG DE DUI HUA

晴天小姐　著

出 品 人　达　海
责任编辑　周佑谦
责任校对　周小彦
装帧设计　悟阅文化
责任印制　黄　鑫　曾泽乐

出版发行　成都时代出版社
电　　话　（028）86742352（编辑部）
　　　　　（028）86615250（发行部）
印　　刷　成都市兴雅致印务有限责任公司
开　　本　145mm×210 mm
印　　张　8
字　　数　160千
版　　次　2025年1月第1版
印　　次　2025年1月第1次印刷
书　　号　ISBN 978-7-5464-3548-0
定　　价　69.00元